I0081738

L'Amérique est-elle une menace pour le monde ?

« Idées fausses, vraies réponses »
Collection dirigée par Mathieu Laine

« La France est foutue », Mathieu Laine, 2007.

« C'est trop tard pour la Terre », Cécile Philippe, 2007.

« Les fonds d'investissement sont-ils des prédateurs ? », 2007.

« La mondialisation va-t-elle nous tuer ? », Agnès Verdier-Molinié, 2008.

www.editions-jclattes.fr

Armand Laferrère

L'Amérique est-elle une menace pour le monde ?

JC Lattès

17, rue Jacob 75006 Paris

ISBN : 978-2-7096-3019-1

© 2008, éditions Jean-Claude Lattès.

Aux victimes du 11 septembre

Sommaire

Introduction

Et si l'Amérique était le principal facteur de stabilité et de liberté dans le monde contemporain ?

Il ne s'agit pas de répondre à toutes les critiques adressées aux États-Unis. On ne trouvera dans ce livre aucune opinion particulière sur la politique intérieure américaine, ni sur l'état de la société. Rien sur les inégalités sociales, les tensions raciales ou la qualité de la justice ; rien sur la culture ou même sur l'obésité. Rien, non plus, sur les mérites comparés des Démocrates et des Républicains. En politique extérieure qui fait l'objet de ce livre, les différences entre les deux partis sont d'ailleurs bien plus faibles qu'on ne le suggère souvent – comme l'a montré, par exemple, l'approbation en 2002 de la guerre en Irak par une majorité des représentants Démocrates.

Qu'il suffise de dire que sur toutes ces questions, la réalité américaine est bien plus complexe que ne le voudraient les améri-phobes. L'Amérique a d'importantes faiblesses, comme tous les pays du monde. Mais on ne peut les comprendre qu'en analysant sérieusement une réalité complexe, non en se contentant de répéter des slogans éculés.

Ce livre se limite à la défense et illustration de la politique étrangère américaine. Cela paraîtra paradoxal à certains lecteurs. Ceux qui ont l'habitude de voir décrire les États-Unis comme un pays ivre de puissance, méprisant les institutions internationales, menant une politique étrangère impérialiste sur le plan économique et culturel. Ils se rappellent l'invasion américaine de l'Irak en 2003, perçue en France comme un acte unilatéral et contraire au droit international. Ils ont lu que la poursuite des intérêts pétroliers conduit l'Amérique à déstabiliser des pays ou des régions entières. Ils croient que le soutien des États-Unis à Israël menace la paix au Proche-Orient ; que le poids de la religion chrétienne sur la politique américaine est un obstacle à la solution pacifique des affaires du monde ; et que l'Amérique menace l'avenir de la planète en refusant de signer le traité de Kyoto.

Un peu d'observation suffit à démontrer que tout cela n'est pas si simple. La puissance américaine se distingue de toutes les autres puissances dominantes de l'histoire de l'humanité en ce qu'elle n'a pas créé d'Empire. Les États-Unis sont plus impliqués que tout autre pays dans le bon fonctionnement des organisations internationales. Ils jouent sur le marché du pétrole un rôle stabilisateur dont profitent tous les importateurs. L'alliance israélienne est soigneusement équilibrée par plusieurs alliances avec des puissances musulmanes du Moyen-Orient. Les États-Unis sont un pays chrétien, mais la religion ne joue qu'un rôle très secondaire dans leur politique étrangère. L'Amérique a eu de meilleurs résultats que l'Europe dans la limitation de ses émissions de gaz à effet de serre.

Il ne s'agit pas de rechercher le paradoxe : je ne m'appuierai que sur des faits publics et directement observables. Il suffit, pour se convaincre de leur vérité, d'accepter d'observer les faits tels qu'ils se présentent – et d'abandonner les obscures théories du complot.

En rédigeant ce livre, je me suis souvent demandé ce qui pouvait pousser les ennemis de l'Amérique à répandre sans répit – et, souvent, à croire – des arguments dont quelques secondes de recherche suffisent à démontrer qu'ils sont directement contraires aux faits. La puissance de la haine, qui pousse des hommes intelligents et cultivés à ignorer les faits qui leur crèvent les yeux, m'a terrifié.

Je ne chercherai pas à expliquer les raisons de cette haine. Peut-être comme Jean-François Revel en avait eu l'intuition [1], déteste-t-on dans l'Amérique les principes mêmes qui ont vaincu en 1945 à l'issue de la guerre contre le national-socialisme : la liberté d'expression et de culte, l'égalité des hommes devant l'État, l'égalité des races. Après tout, il n'y a pas de raison de croire que ceux qui furent, parmi les Français, les vaincus de cette guerre n'aient pas conservé leurs idées, ne les ont pas transmises à leurs descendants avec l'aigreur de la défaite et le désir de vengeance...

---

1. Cf. J.-F. Revel, *L'Obsession anti-américaine*, Plon, 2001.

Mais tout cela, au fond, importe peu. L'important – ce que montrent les pages qui vont suivre – est de savoir qu'une idée peut être répétée des millions de fois, peut recevoir l'approbation unanime d'un peuple libre et bien informé, et n'en être pas moins une invention totale, une contre-vérité criante que la simple observation des faits suffit à faire effondrer.

Il est important de connaître les thèmes de cette haine, parce qu'elle sait emporter des hommes et des femmes dotés, sur toutes les autres questions, d'une moralité irréprochable. Il est important aussi de connaître la vérité, pour résister à la contagion.

Ce n'est donc pas l'Amérique qui est le vrai sujet de ce livre, mais la nécessité de résister aux mensonges répétés. Cette résistance est la seule chose qui peut nous garantir de ne pas être un jour happé par une majorité en colère, de ne pas devenir complice de je ne sais quel lynchage, pogrom ou destruction. Si ce livre transmet à quelques esprits la volonté de résister aux idées fausses et aux clichés, il aura rempli toutes les ambitions que j'ai pour lui.

1.

« Les États-Unis sont un danger…
du seul fait de leur puissance
démesurée ! »

L'idée qu'on oublie : Aucune puissance dominante n'a jamais fait un usage aussi altruiste de sa supériorité que les États-Unis d'aujourd'hui.

Une part importante des discours hostiles à l'Amérique prend pour acquis que la puissance exceptionnelle des États-Unis contemporains est, par elle-même, une menace pour les autres pays de la planète.

Le déséquilibre de puissance entre les États-Unis et les autres pays de la planète ne fait, certes, aucun doute. Cependant, l'utilisation que les États-Unis en font est véritablement exceptionnelle au regard de l'histoire des grandes puissances. L'Amérique est, dans l'histoire de l'humanité, la première puissance dominante non impérialiste. Le plus souvent, l'utilisation que les États-Unis ont faite de leur domination a même fait progresser la cause de la liberté.

La première puissance mondiale – économique, militaire et culturelle

Les États-Unis représentaient la moitié de la création de richesse mondiale en 1945, contre environ 22 % actuellement. La croissance économique de l'Europe et du Japon d'abord, puis des autres puissances asiatiques, a réduit l'écart entre l'Amérique et les autres nations.

En termes militaires, l'effondrement de l'Union soviétique en 1989 a renforcé dans un premier temps la prééminence américaine. Mais au cours des deux décennies qui ont suivi, la situation s'est compliquée : L'Amérique a fortement réduit son effort militaire au cours des années 1990, avant de le relancer dans la décennie suivante. Au début du XXIe siècle, deux puissances rivales, la Chine et la Russie, ont fortement augmenté leurs forces armées. Aucune d'entre elles n'a une force totale comparable à celle de l'armée américaine, mais l'une et l'autre seraient désormais en mesure de lui faire face sur leur propre territoire ou dans sa proximité immédiate.

Il reste qu'à comparer entre eux les États, la prédominance américaine sur toutes les autres puissances reste indiscutable – au point qu'un ancien ministre français,

M. Hubert Védrine, a forgé pour la décrire le mot « hyperpuissance ».

À l'origine de cette prédominance, une économie qui dépasse de très loin toutes ses concurrentes. Le produit national brut des États-Unis atteignait 13 200 milliards de dollars en 2006, contre, par exemple, 4 900 milliards pour le Japon, 2 900 milliards pour l'Allemagne, 2 500 milliards pour la Chine et 2 150 milliards pour la France.

Si l'Union européenne était une puissance unique, son économie (13 700 milliards) serait un peu supérieure à celle des États-Unis. Mais l'économie n'est qu'un indicateur de puissance parmi d'autres. En particulier, les institutions européennes actuelles ne permettent pas à l'Europe de mobiliser sa richesse pour créer une puissance militaire comparable à celle de l'Amérique.

L'armée américaine est la plus puissante organisation militaire de l'histoire de l'humanité. Les effectifs – 1,4 million d'hommes actifs – en feraient la deuxième du monde après l'armée chinoise (2,3 millions de troupes actives) si la puissance des armées se comptait en nombre d'hommes [1]. Mais si l'on tient compte du montant des dépenses militaires, la supériorité de l'armée américaine est écrasante. Son budget – 623 milliards de dollars en 2008 [2] – représente, selon certaines sources, environ 45 % de l'ensemble des dépenses militaires de la planète (les chiffres précis sont cependant, pour bien des pays, difficiles à obtenir). Les trois puissances qui dépensent le plus pour leurs forces armées après les

---

1. Le rang des États-Unis est même inférieur si l'on prend en compte, non seulement les forces actives, mais les forces de réserve et les institutions paramilitaires. Plusieurs sociétés totalitaires (Iran, Corée du Nord) ont en effet militarisé la quasi-totalité de leur population, ce qui leur donne en apparence un nombre total de troupes armées nettement supérieur aux États-Unis, où l'armée ne se confond pas avec la société.

2. Un budget de base de 481 milliards, auquel s'ajoutent 142 milliards de dépenses supplémentaires liées à la guerre contre le terrorisme, y compris la formation des forces de sécurité afghanes et irakiennes.

États-Unis – Royaume-Uni, France et Chine – ont chacune un budget militaire d'environ 60 milliards d'euros, dix fois moins que l'Amérique. Même si l'Europe unifiait toutes ses forces, cette puissance aurait encore un budget militaire plus de deux fois inférieur aux États-Unis.

La supériorité militaire des États-Unis ne se traduit pas seulement en dollars dépensés, mais aussi par une nette supériorité technologique. Les États-Unis produisent les avions de combat les plus avancés du monde ; les navires les plus puissants ; les meilleurs systèmes de renseignement et de contrôle ; certains des systèmes de missiles les plus avancés et les seuls systèmes à peu près fiables de protection anti-missile. La supériorité technologique américaine connaît des exceptions sur certains créneaux – l'industrie de la défense russe demeure remarquable en matière de missiles et de petits sous-marins, l'industrie française a des avantages dans l'aéronautique militaire et les systèmes de contrôle, l'industrie israélienne dans le domaine des logiciels de renseignement. Mais aucune autre puissance ne dispose d'autant d'avantages technologiques que les États-Unis sur toute la gamme des technologies militaires.

Enfin, les États-Unis ont une présence militaire permanente à l'étranger nettement plus importante que celle de toute autre nation. En dehors de l'Irak et de l'Afghanistan, où ils sont engagés dans des conflits en cours, les pays suivants servent de base permanente à des personnels militaires américains : Corée du Sud, Japon, Singapour, Thaïlande, Diego Garcia (océan Indien), Philippines, Bahrein, Émirats Arabes Unis, Jordanie, Oman, Qatar, Kazakhstan, Kirghizstan, Ouzbékistan, Turquie, Égypte, Kenya, Allemagne, Belgique, Bulgarie, Espagne, Grèce, Italie, Pays-Bas, Portugal, Royaume-Uni, Danemark (Groenland), Colombie, Cuba, Équateur... la liste n'est d'ailleurs pas complète, car par le jeu des alliances militaires, d'autres pays où les Américains n'ont pas de présence militaire permanente concourent néanmoins à renforcer les États-Unis, par l'échange de renseignement ou en leur donnant le droit d'utiliser ponctuellement leur territoire pour l'approvisionnement ou le survol. Aucune autre puissance ne dispose d'un tel réseau militaire mondial pour renforcer sa capacité d'intervention.

En plus de cette supériorité militaire, les États-Unis exercent aussi à travers le monde un « pouvoir mou » – fondé sur l'influence et non sur la force – supérieur à celui de toutes les autres civilisations contemporaines. La production culturelle américaine (musique, livres, films) a plus d'audience en dehors des frontières que celle d'aucune autre puissance mondiale. Les États-Unis sont la destination la plus attractive pour les étudiants désireux de partir à l'étranger, et pour les immigrants – notamment les immigrants qualifiés.

Là encore, supériorité n'est pas monopole. Les productions culturelles japonaise, britannique, française ou chinoise ont à l'occasion une audience mondiale. L'Arabie Saoudite, par le réseau de prédicateurs qu'elle entretient dans toutes les communautés musulmanes de la planète, s'est créé une considérable influence non militaire par sa capacité à faire évoluer l'islam mondial dans le sens de sa propre interprétation wahhabite. Il reste que l'influence culturelle des États-Unis continue à surpasser toutes les autres. La culture populaire américaine, en particulier, est la seule qui soit largement connue sur toute la planète, y compris dans des pays ou des cultures par ailleurs hostiles.

Mais il ne suffit pas de constater l'existence d'une puissance exceptionnelle pour en conclure qu'elle serait, pour les autres nations, une menace. La force est une chose ; ce que l'on fait de cette force en est une autre. Or, il suffit de comparer les États-Unis, puissance dominante du monde contemporain, avec les autres puissances dominantes de l'histoire humaine pour constater ce qu'elle a d'unique : Les États-Unis sont la première puissance dominante de l'histoire humaine à n'avoir pas créé d'Empire.

La première puissance dominante non impérialiste

La situation de domination économique, militaire et culturelle des États-Unis d'aujourd'hui fut celle d'autres puissances dans l'histoire. Dans tous les cas, la domination d'un pays sur les autres s'est traduite par une occupation militaire, l'imposition d'un ordre étranger sur les populations locales, la suppression des libertés, l'extraction forcée d'un tribut par la puissance occupante.

Lorsque Rome eut développé un art de la guerre qui lui donnait une supériorité militaire écrasante sur toutes les autres civilisations méditerranéennes, cela se traduisit par la création de l'Empire romain – un Empire qu'aucune province n'était libre de quitter, où chaque province devait payer tribut à Rome et où tout signe de déplaisir face à la puissance de Rome était immédiatement écrasé par les légions.

Lorsque la France, par sa population exceptionnellement élevée et son influence culturelle unique, fut devenue la puissance dominante en Europe – cela se traduisit par l'invasion de tous ses voisins, sous la Révolution puis sous l'Empire. L'Empire français imposait sa volonté par la force, renversait les gouvernements anciens (y compris plusieurs gouvernements librement élus en Suisse et aux Pays-Bas) et écrasait dans le sang les occasionnelles révoltes.

Plus tard, l'Europe, dominant toutes les autres civilisations mondiales par sa richesse et sa supériorité technologique, divisa la planète entière entre les empires britannique, français, portugais, belge, allemand et néerlandais. Aucun territoire de ces empires ne se vit jamais proposer l'instauration d'un gouvernement démocratique. Aucun ne se vit offrir le choix de refuser la présence du colonisateur.

Encore plus tard, lorsque l'Union soviétique eut construit la remarquable machine de guerre que constituait l'Armée rouge, elle utilisa sa supériorité militaire pour imposer à l'Europe de l'Est, puis à la Mongolie et à l'Afghanistan, de devenir des vassaux de Moscou. Les gouvernements des pays de l'Empire n'avaient aucune autonomie par rapport au « grand frère » soviétique ; lorsque la Hongrie en 1956 et la Tchécoslovaquie en 1968 voulurent quitter l'Empire, les Soviétiques utilisèrent immédiatement la force pour écraser ces tentatives d'émancipation.

La particularité historique des États-Unis n'est donc pas le caractère exceptionnel de leur puissance. Ce qui rend l'Amérique unique par rapport aux puissances dominantes du passé, c'est qu'il n'existe pas d'Empire américain. Aucun territoire de la planète ne se trouve dans une situation comparable, même de loin, à celle de l'Allemagne sous Napoléon, de l'Inde sous domination anglaise, de l'Algérie française ou de l'Europe de l'Est aux temps de l'Union soviétique.

Tous les pays où sont stationnées les troupes américaines ont leur propre gouvernement, dont l'accord est indispensable pour le maintien de ces troupes sur son sol. La liberté de quitter l'influence américaine est réelle, et non seulement théorique. Lorsque la France en 1966, les Philippines en 1991, l'Arabie Saoudite en 2002, ont demandé aux Américains de faire sortir leurs troupes du territoire, les États-Unis n'ont pas utilisé la force, comme ils auraient pu le faire sans difficulté, pour les contraindre à changer d'avis : ils sont partis, respectueux de la souveraineté de leurs alliés. Lorsque les populations allemandes ou sud-coréennes – deux pays où les Américains ont une présence militaire importante – organisent de grandes manifestations anti-américaines, l'armée américaine n'écrase pas ces manifestations, comme l'URSS le fit à Budapest et à Prague : elle reste dans ses quartiers et regarde à la télévision les déferlements de haine qu'elle pourrait, si elle le souhaitait, faire taire en quelques minutes.

Même lorsque les États-Unis ont utilisé la force pour renverser des régimes et envahir des pays étrangers, comme en Afghanistan en 2001 ou en Irak en 2003, l'une de leurs premières actions fut d'établir dans ces pays un gouvernement démocratiquement élu, dont ils respectaient la souveraineté et qui pourrait, du jour au lendemain, leur intimer l'ordre de partir. Ce comportement est l'opposé exact de celui des puissances impérialistes du passé, qui imposaient aux populations dominées des vice-rois ou autres gouverneurs.

La différence de comportement entre les États-Unis et les puissances impérialistes du passé ne peut pas être expliquée par de simples rapports de force. Si l'Amérique n'utilisait que les rapports de force, comme la France impériale ou l'Union soviétique, aucun gouvernement hostile aux États-Unis ne pourrait apparaître sur le continent américain, comme cela s'est produit récemment au Venezuela, en Bolivie et en Équateur ; il ne faudrait que quelques heures à l'armée américaine, si elle le souhaitait, pour renverser ces gouvernements et les remplacer par des chefs d'État à sa solde.

Non, la différence de comportement entre les États-Unis d'aujourd'hui et l'Europe d'hier ne peut s'expliquer que par une différence politique et morale qui, pour être constamment niée et persiflée en Europe, n'en est pas moins réelle : Les États-Unis sont la première puissance dominante dont l'opinion publique exige que ses interventions extérieures obéissent à des règles morales, et non à une simple logique de puissance.

En conséquence, et contrairement à toutes les puissances dominantes du passé, l'utilisation historiquement faite de la force américaine a le plus souvent fait progresser la liberté des hommes et la stabilité du monde.

Une force principalement utilisée pour la liberté

À l'opposé des puissances impérialistes du passé, les principaux emplois de la force américaine ont eu pour objectif de lutter contre des pouvoirs totalitaires, de faire progresser la liberté des populations et la stabilité du monde.

Le plus large engagement historique des forces américaines a été la Seconde Guerre mondiale, au cours de laquelle plus de 400 000 Américains sont morts. Le résultat de cette guerre fut la fin du totalitarisme nazi et de la dictature japonaise, le retour de la démocratie dans la moitié de l'Europe, son établissement durable au Japon.

À plus long terme, la présence militaire permanente établie en Europe après la Seconde Guerre mondiale a eu deux effets historiques fondamentaux.

D'abord, elle a fourni un contrepoids au totalitarisme communiste, l'empêchant de s'étendre en Europe de l'Ouest.

Ensuite, la présence militaire américaine en Europe de l'Ouest a rendu impossible toute ambition de conquête d'un pays par un autre. Et une fois qu'il fut devenu impossible pour un pays européen d'envahir ses voisins, l'Europe a pu entrer dans la plus longue phase de paix de sa longue histoire et créer les institutions de l'Union européenne, qui inscrivent cette paix dans une durée plus longue encore. On peut d'ailleurs se demander, devant la tendance des Européens à s'attribuer à eux seuls le mérite de l'établissement de la paix, pourquoi les gouvernements d'Europe continuent, soixante ans après la guerre et vingt ans après la fin de l'Union soviétique, à souhaiter le maintien de troupes américaines en Europe.

Serait-ce qu'ils se font moins confiance qu'ils ne le disent pour maintenir, à eux seuls, la paix sur le continent ?

Parmi les autres emplois massifs de la force américaine, on peut citer :

— la guerre de Corée (1950-1953) qui a empêché, au prix de 40 000 morts américains, le totalitarisme communiste de s'étendre sur l'ensemble de la péninsule ;

— la guerre du Vietnam (1964-1973) qui visait à empêcher la terreur communiste de s'étendre au sud du pays, et qui se termina par un échec après 60 000 victimes américaines ;

— la première guerre du Golfe (1991) qui permit de libérer le Koweit envahi par l'Irak ;

— l'invasion de l'Afghanistan en 2001, qui remplaça un régime totalitaire jihadiste, les Talibans, par un gouvernement démocratique ;

— l'invasion de l'Irak en 2003, qui permit d'installer un gouvernement démocratique en lieu et place du régime totalitaire de Saddam Hussein.

Les États-Unis, bien sûr, ne partent pas en guerre contre toutes les dictatures. Superpuissance ou pas, l'Amérique a des ressources limitées : elle doit choisir ses guerres, et il est naturel qu'elle préfère les champs de bataille où la victoire renforcerait son influence et ses intérêts. Elle n'a pas à attaquer les régimes trop puissants pour que la guerre ait une chance raisonnable de succès – soit que ces régimes soient eux-mêmes des superpuissances, comme l'Union soviétique d'hier ou la Chine d'aujourd'hui, soit qu'ils soient dotés de l'arme nucléaire et risquent donc d'imposer des dommages excessifs à l'attaquant, comme la Corée du Nord. Et parce qu'ils doivent choisir, les États-Unis n'ont pas à utiliser la force contre les dictatures dont l'existence ne menace pas leur influence.

Ces considérations relèvent du simple bon sens mais doivent être répétées, parce qu'une bonne partie du discours anti-américain – qui ne se soucie guère de ses propres contradictions – reproche à la fois aux États-Unis les interventions militaires qu'ils ont lancées et celles qu'ils ont évitées. *« L'invasion de l'Irak est un scandale – Libérez le Tibet !* »

Les États-Unis, comme toutes les autres puissances, prennent en compte leurs intérêts dans leurs décisions d'intervention militaire et cherchent, par leur usage des armes, à étendre leur propre influence. Mais contrairement aux autres puissances, ils ne peuvent obtenir le soutien de leur opinion publique que si une majorité du peuple américain est convaincue que cette intervention obéit à des préoccupations morales, le plus souvent par l'instauration de gouvernements libres et le renversement des régimes de terreur. Le résultat historique net des guerres américaines est le prodigieux bond en avant de l'état de droit et de la coexistence paisible entre États que connut le monde dans les cinquante ans qui suivirent la fin de la Seconde Guerre mondiale.

2.

« L'unilatéralisme américain menace les institutions multilatérales »

Le fait qu'on ignore : La plupart des solutions multilatérales aux grands risques de la planète ne pourraient pas être mises en œuvre sans les États-Unis.

La prééminence des forces américaines par rapport à toutes les autres puissances de la planète permet aux États-Unis d'intervenir militairement dans de nombreuses régions du monde. Au cours des dix dernières années, les États-Unis sont ainsi intervenus à la tête d'alliances militaires en Yougoslavie (1999) pour forcer le retrait des troupes serbes du Kosovo ; en Afghanistan (2001) pour mettre fin au régime des Talibans et instaurer un gouvernement démocratique ; et en Irak (2003), là encore pour mettre fin à un régime hostile (celui de Saddam Hussein) et le remplacer par un gouvernement élu.

De nombreuses autres interventions, de plus petite ampleur, pourraient être mentionnées. La plupart d'entre elles ont eu lieu à la demande de gouvernements alliés, comme les Philippines (2002) et la Colombie (2003) dans leur guerre contre des guérillas locales. Mais il est aussi arrivé que les États-Unis décident seuls de renverser un gouvernement hostile. Ce fut le cas par exemple à Grenade en 1984, lorsque les troupes américaines, assistées par celles de la Dominique et d'autres nations caribéennes, renversèrent le gouvernement révolutionnaire installé depuis 1979 et permirent le rétablissement d'une constitution démocratique.

Chacun de ces exemples de recours à la force par les États-Unis a été critiqué – pas toujours par les mêmes commentateurs – comme un exemple d'« unilatéralisme » américain. Ces critiques opposent l'« unilatéralisme » américain à un autre mode de gestion des problèmes du monde, le « multilatéralisme » dans le cadre des institutions de l'ONU, qu'ils jugent préférable.

Les critiques de l'unilatéralisme américain ne se limitent pas aux interventions militaires. Ils reprochent aux États-Unis, de manière plus générale, de manquer de respect aux institutions de l'ONU et de gêner le règlement consensuel des conflits que ces institutions sont censées permettre. Ils aiment notamment insister sur le fait que les États-Unis ont refusé d'adhérer à certains traités internationaux. Les traités les plus souvent cités à l'appui de ces reproches sont les suivants :

— Le Protocole de Kyoto de 1997 (qui sera examiné plus en détail au chapitre 6) ;

— La Convention sur les Droits de l'enfant de 1989 ;

— Enfin, le traité fondant la Cour de Justice internationale, entré en vigueur en 2002.

Les critiques de l'« *unilatéralisme* » américain reprochent aussi à l'Amérique – non plus de ne pas participer à certains instruments internationaux – mais de ne pas toujours en avoir la même interprétation que les critiques eux-mêmes.

C'est ce qu'on a vu à l'occasion du débat sur la prison de Guantanamo, où les États-Unis retiennent des combattants ennemis faits prisonniers dans le cadre de la guerre contre le terrorisme. On a beaucoup dit que l'Amérique y violait la Convention de Genève de 1950 sur les prisonniers de guerre, ou la Convention des Nations Unies contre la torture de 1987.

Malgré la virulence des termes employés à cette occasion, les critiques de l'interprétation américaine de ces deux conventions n'ont jamais été capables de citer une seule décision de justice allant dans leur sens. L'interprétation américaine est d'ailleurs nettement plus proche de la lettre des textes [1]. L'argument selon lequel une partie à un traité multilatéral, respectant toutes les clauses de ce traité, fait preuve d'« *unilatéralisme* » parce qu'il n'en a pas la même interprétation que vous, ne mérite pas d'être pris au sérieux.

---

1. Dans le premier cas, la question était de savoir si des combattants sans uniforme ni rang doivent être traités comme des soldats ennemis, qui sont définis selon la même convention par l'attribution d'un uniforme et d'un rang militaire. Dans le deuxième cas, la question était de savoir si la définition de la torture faite par la convention devait être étendue, au-delà de la lettre du texte, à des traitements que certaines organisations non gouvernementales considéraient comme « équivalents » à des tortures.

Une présence unique dans les institutions multilatérales

Certains auteurs américains ont apporté de l'eau au moulin des amériphobes en justifiant le principe même de l'unilatéralisme. Pour Paul Kagan [1], les appels au multilatéralisme ne sont qu'un outil cynique des Européens pour affaiblir les États-Unis et augmenter l'influence européenne dans les affaires du monde. Cette politique européenne serait la conséquence naturelle de décennies de sous-investissement dans la défense. De même, le mépris occasionnel des institutions multilatérales par les États-Unis serait la conséquence naturelle de la force américaine.

Dans l'esprit de Kagan, il est moralement équivalent de prendre part ou non au processus diplomatique international, les États-Unis, quand ils s'en écartent, ne font

---

1. *La Puissance et la Faiblesse*, Plon, 2003.

rien d'autre que les puissances qui choisissent d'y faire appel ; les uns comme les autres ne font que jouer le jeu éternel du pouvoir.

La thèse de Kagan, cependant, partage un défaut majeur avec celle des critiques de l'« unilatéralisme américain ». Elle ne permet pas d'expliquer pourquoi, si les États-Unis n'ont pas besoin des institutions multilatérales, ils sont si actifs et engagés dans ces institutions.

La vérité est en effet qu'*aucune puissance ne contribue autant que les États-Unis aux organisations multilatérales.*

Les États-Unis sont membres de plus d'organisations internationales influentes qu'aucun autre État de la planète : la plupart des organisations de la galaxie ONU, l'Organisation mondiale du Commerce, le FMI et la Banque mondiale, mais aussi plusieurs alliances militaires (OTAN, ANZUS) et organisations de développement (OCDE, Organisation des États américains, Commission économique Asie-Pacifique, Banque européenne de Reconstruction et de Développement...).

Au sein de ces organisations, les États-Unis sont presque toujours le premier contributeur financier. Les Américains financent, par exemple, 22 % du budget général de l'ONU et 27 % du budget des opérations de maintien de la paix. Ils financent également 17 % du budget du Fonds monétaire international et de l'Agence du Développement international dépendant de la Banque mondiale. Ils sont la puissance dominante de la plus grande alliance militaire de la planète, l'OTAN.

Si les États-Unis se retiraient simultanément de toutes les organisations internationales et cessaient d'y contribuer, ce retrait provoquerait l'écroulement immédiat du système multilatéral de diplomatie mondiale ; les seules institutions survivantes seraient les institutions purement régionales, comme l'Union européenne. Aucun autre pays n'a une telle responsabilité. Le caractère indispensable des États-Unis – et des États-Unis seuls – pour le fonctionnement des institutions mondiales doit être gardé à l'esprit lorsqu'on les présente comme une menace pour le multilatéralisme.

Les États-Unis acceptent de bonne grâce de n'avoir qu'une influence démesurément faible dans les organisations dont ils sont les premiers contributeurs. Le nombre de fonctionnaires internationaux venus des États-Unis est dérisoire au regard de leur contribution, et leurs droits de vote – à l'exception du FMI où les droits de vote sont liés aux contributions – sont inférieurs à leur participation financière. Même au Conseil de Sécurité de l'ONU, où les États-Unis bénéficient d'un siège permanent, leur pouvoir n'est pas supérieur à celui de la Russie, de la Chine et de la France, qui contribuent respectivement 1,1 %, 2 % et 6 % au budget de l'organisation.

La recherche systématique d'alliances

En plus de leur contribution exceptionnelle au système multilatéral, les États-Unis ont montré à plusieurs reprises leur volonté de constituer des alliances internationales.

Revenons, par exemple, aux trois principales interventions militaires des dernières années – en Yougoslavie, en Afghanistan et en Irak. L'accusation d'unilatéralisme est, pour chacune d'entre elles, mensongère : aucune de ces interventions ne fut le fait de l'armée américaine seule. En Yougoslavie et en Afghanistan, les États-Unis ont fourni le plus gros contingent d'interventions collectives, organisées dans le cadre de l'OTAN. En Irak, une alliance *ad hoc* de 48 États – représentant 1,2 milliard d'habitants au total – avait été constituée pour l'invasion de 2003.

Il est vrai, que certaines de ces interventions – la Yougoslavie en 1999 et, selon certains juristes, l'Irak en 2003 – ont été décidées par les États-Unis et leurs alliés sans avoir été préalablement autorisées par le Conseil de Sécurité des Nations unies.

Selon le chapitre 7 de la Charte des Nations-unies, les interventions militaires doivent, en principe, être autorisées par le Conseil de Sécurité (l'article 51 autorise cependant chaque nation, seule ou dans le cadre d'alliances, à prendre les mesures nécessaires pour sa légitime défense). Or, l'intervention de l'OTAN en Yougoslavie ne fut jamais ainsi autorisée, la Russie ayant menacé d'exercer son droit de veto.

La situation est plus complexe pour l'Irak : une résolution du Conseil de Sécurité (résolution 1441, adoptée à l'unanimité le 8 novembre 2002) avait donné à ce pays « *une dernière occasion de se conformer à ses obligations* » en matière de désarmement, dans les trente jours suivant son adoption. Cette résolution précisait que si l'Irak ne se conformait pas à ces obligations, il s'exposait à « *de sérieuses conséquences* ». Pour qui connaît le langage diplomatique, il est impossible d'interpréter les mots « *dernière occasion* » et « *sérieuses conséquences* » autrement que comme une autorisation de recourir à la force si l'Irak ne respectait pas strictement les termes de cette résolution. Il est vrai cependant qu'aucune résolution supplémentaire ne fut prise – la France ayant menacé d'utiliser son veto – pour constater l'absence de respect par l'Irak de la résolution 1441 et autoriser explicitement l'invasion.

Ces deux exemples montrent que l'« unilatéralisme » – ou plus précisément, l'action multilatérale en dehors des institutions de l'ONU – est le contraire d'une position instinctive ou automatique pour les États-Unis. En Yougoslavie comme en Irak, ils ont d'abord cherché à obtenir le soutien de la prétendue « *communauté internationale* ». Dans les deux cas, le Conseil de Sécurité n'a pas suivi les États-Unis – non pas parce que tous les autres pays de la planète, ou même une simple majorité, se seraient opposés aux projets américains, mais parce qu'une puissance menaçait d'exercer son droit de veto contre la volonté de l'alliance menée par les États-Unis.

Dans les deux cas, la position prise par l'État hostile n'était pas destinée à empêcher l'action américaine. La Russie en 1999, la France en 2003, avaient pour seule ambition de faire payer le prix politique le plus important possible aux États-Unis pour le lancement de guerres que ces puissances désapprouvaient. La décision d'aller de l'avant sans autorisation explicite du Conseil de Sécurité ne peut donc pas s'analyser comme un mépris par l'Amérique d'une prétendue « communauté internationale ». Elle s'interprète comme un refus de voir dicter les actions des États-Unis et de leurs alliés par une puissance hostile – même lorsque cette puissance est armée d'un droit de veto qui lui permet, techniquement, de présenter son propre jeu de pouvoir comme la voix du droit international.

Les exemples de la Yougoslavie et de l'Irak expliquent en grande partie pourquoi les États-Unis, malgré leur investissement sans égal dans les institutions multilatérales, décident parfois d'agir sans elles. Les règles de fonctionnement de ces institutions leur permettent de se transformer à l'occasion, sous l'influence des intérêts politiques d'autres puissances, en machines à affaiblir les États-Unis. Or l'Amérique a le droit, comme toute autre puissance, de défendre ses intérêts. Elle pourrait se retirer de ces organisations et en causer l'effondrement, ou du moins exercer sur elles un chantage budgétaire. Beaucoup de puissances, placées dans la même situation, n'hésiteraient pas.

Au lieu de cela, les États-Unis font le choix le plus responsable et, sans aucun doute, le plus favorable au maintien en place d'un véritable système multilatéral. Ils agissent sans autorisation ; puis, ils utilisent leur propre droit de veto au Conseil de Sécurité pour empêcher que leur action soit jamais condamnée par le droit international. Après tout, les tactiques qui valent pour les uns ne peuvent pas être condamnées pour les autres. L'absence de toute condamnation légale affaiblit nettement l'argument de ceux qui cherchent à présenter les États-Unis comme un délinquant du droit international.

On pourrait objecter à cela que l'opposition aux États-Unis dans les instances multilatérales n'est pas un simple jeu politique, mais l'expression de principes moraux et juridiques. C'est un débat intéressant – qui, heureusement, peut être tranché par l'observation. Si les objections faites au comportement américain sont sincères, alors des comportements identiques de la part d'autres États seront condamnés avec autant de fermeté. Si, au contraire, les institutions multilatérales – et plus précisément, les pays qui utilisent ces institutions pour attaquer l'Amérique – ne semblent pas se soucier de comportements similaires ou plus graves chez d'autres nations ; alors, la preuve aura été faite que les condamnations morales des États-Unis ne sont rien d'autre qu'hypocrisie et jeux de pouvoir.

Multilatéralisme n'est pas vertu ; unilatéralisme n'est pas vice

Le discours qui reproche aux États-Unis de s'opposer aux institutions multilatérales présente une faiblesse fondamentale : il confond trop souvent « multilatéral » avec « juste », « raisonnable » ou « nécessaire ».

La raison de cette confusion n'est pas claire. Une chose est certaine : elle n'est pas fondée sur les précédents historiques. L'acceptation *a posteriori* par la Société des Nations, en 1935, de l'invasion coloniale de l'Éthiopie par l'Italie, fut un parfait exemple de mise en œuvre collective du droit international. Et en si c'est le multilatéralisme qui compte, le pacte germano-soviétique de 1939, assorti de traités complémentaires avec l'Italie et le Japon, en était une éclatante illustration... À l'inverse, la politique de Winston Churchill à l'été 1940 – refusant tout compromis et combattant seul, sans le moindre allié, l'avancée nazie – était gravement marquée par le vice d'unilatéralisme.

Le présent est-il très différent du passé ? Trois exemples permettent de s'en faire une idée :

De 1995 à 2003, l'Organisation des Nations unies gérait un programme d'assistance à la population irakienne, baptisé « Pétrole contre Nourriture ». Au sein de ce programme, le pétrole irakien – soumis par ailleurs à embargo pour empêcher le régime de Saddam Hussein d'utiliser les revenus pour se réarmer – pouvait être vendu sous contrôle de l'ONU. Les résultats de la vente étaient placés sur un fonds administré par l'organisation moyennant une commission totale de près de 2 %. L'ONU devait alors autoriser l'utilisation de ces sommes pour des livraisons de nourriture, médicaments et autres approvisionnements répondant aux nécessités de l'humanité.

Après la fermeture de ce programme suite à l'invasion de l'Irak en mars 2003, l'examen des comptes a démontré l'existence de détournements et de corruption, à une échelle probablement jamais atteinte par aucun autre scandale financier de l'histoire humaine. Des paiements avaient été approuvés pour des dépenses qui n'avaient rien d'humanitaire : le soutien au ministère de l'Information irakien, des opérations immobilières profitant personnellement au dictateur.

Des investigations conduites dans plusieurs pays ont conduit à la mise en examen, entre autres, du haut fonctionnaire international en charge du programme (M. Benon Sevan) et de deux des plus hauts fonctionnaires français des Affaires étrangères, MM. Boidevaix et Mérimée ; aucun de ces trois hauts personnages n'a cependant été jugé à la date de la rédaction de ce livre. Le montant total des sommes détournées dans le cadre du programme est encore inconnu, mais les sources l'estiment entre 10 et 20 milliards de dollars. Il fallut l'invasion de l'Irak par les États-Unis et leurs alliés pour mettre fin au scandale. L'histoire dira peut-être quelle part de l'opposition à l'invasion par certaines puissances s'expliquait par la corruption issue du programme.

En octobre 2005, les auditeurs des Nations unies publièrent un rapport confirmant l'existence d'une filière organisée de prostitution d'enfants au profit des troupes de maintien de la paix de l'ONU au Congo. Des accusations du même ordre avaient été formulées auparavant contre les troupes déployées en Érythrée et en Bosnie. Au Congo, l'ONU elle-même a confirmé l'existence de ces pratiques, ainsi que de comportements de dissimulation des faits dans la hiérarchie. Aucune sanction ne fut prise par l'ONU contre les officiers et les soldats en cause, car ils ne dépendent pas de l'organisation en matière disciplinaire. Les journaux occidentaux qui avaient accordé tant de place aux humiliations sexuelles pratiquées, dans la prison d'Abu Ghraib en Irak, par des soldats américains sévèrement sanctionnés depuis, n'ont pas manifesté un grand intérêt pour cette affaire.

Troisième exemple : les Nations unies ont mis en place, en mars 2006, un Conseil chargé d'examiner les atteintes aux droits de l'homme à travers la planète et d'en faire rapport à l'Assemblée générale. En bonne application des règles multilatérales, l'élection des membres du Conseil n'est soumise à aucune condition, et surtout pas celle de respecter soi-même les droits de l'homme…

Dans un Conseil où – comme sur l'ensemble de la planète – les pays violateurs des droits de l'homme sont une majorité, les équilibres politiques internes ont fait en sorte que certaines des questions les plus graves – la Corée du Nord, l'Iran, le Darfour ou le Zimbabwe, par exemple – ne furent jamais examinées. Le Conseil a concentré presque toute son attention sur les violations commises par un seul État, la petite démocratie d'Israël. L'obsession du Conseil sur ce sujet – et son mépris de tous les autres – fut critiquée par deux Secrétaires généraux des Nations unies, MM. Kofi Annan et Ban Ki-Moon, et même par le président du Conseil lui-même, M. Doru Costea. Face à une telle farce sanglante au nom des droits de l'homme, la réaction des États-Unis – ils ont refusé de siéger au Conseil – est en effet unilatérale. Elle est aussi la seule réaction décente.

Un soutien nécessaire à la mise en œuvre des décisions multilatérales

Les institutions multilatérales manquent singulièrement de moyens d'action. Elles consacrent l'essentiel de leur temps à discuter ; et lorsqu'il s'agit d'agir, elles dépendent des moyens qui peuvent être mis en œuvre par les États membres.

Par l'importance des moyens qu'ils peuvent déployer, les États-Unis jouent un rôle unique dans la mise en œuvre des réponses multilatérales aux problèmes de la planète. Ils n'hésitent pas à jouer ce rôle au profit de ce qu'il est convenu d'appeler la « *communauté internationale* », même lorsque cette « *communauté* » n'a que des insultes à leur fournir en réponse.

Une situation de ce genre se produisit en 2004, après le tsunami du 26 décembre qui fit plus de 200 000 morts en Asie du Sud et du Sud-Est. Devant cette catastrophe d'échelle mondiale, la première réaction de l'ONU – en l'espèce, le secrétaire général adjoint chargé des affaires humanitaires, M. Jan Egeland – fut de critiquer l'aide des pays riches comme « *chiche* ». Dans le même temps, l'acheminement des secours était organisé en urgence par une coopération des marines militaires américaine, indienne, japonaise et australienne. Les institutions multilatérales avaient profité de l'occasion, si on peut l'appeler ainsi, pour faire passer un message politique dont chacun peut juger le bon goût et l'à-propos. Les États-Unis et leurs alliés avaient agi.

Le rôle des États-Unis pour mettre à exécution la volonté répétée des organisations multilatérales s'est aussi manifesté à l'occasion de l'invasion de l'Irak en 2003.

Quels que soient les débats juridiques sur la légalité de l'invasion, une chose est en effet certaine. Au moment du déclenchement de cette guerre, un seul État bafouait ouvertement la volonté répétée des Nations unies ; cet État était l'Irak de Saddam Hussein.

De 1991 à 2002, dix-sept résolutions du Conseil de Sécurité des Nations unies avaient décrit les dangers que représentait Saddam Hussein pour la paix mondiale, et appelé l'Irak à présenter les preuves de sa conformité avec les obligations de désarmement imposées à l'issue de la guerre du Golfe en 1991.

Si une alliance menée par les États-Unis n'avait pas, après douze ans d'attente, fait enfin respecter ces dix-sept résolutions, l'ONU se serait trouvée dans la situation embarrassante de menacer dix-sept fois et de n'agir jamais. Un tel échec aurait représenté une considérable perte de crédibilité pour le système multilatéral. Les défenseurs du multilatéralisme ne peuvent donc qu'être reconnaissants aux États-Unis et à leurs alliés, qui ont permis aux Nations unies de voir leur volonté enfin respectée.

3.

« L'Amérique ne se soucie que de ses intérêts pétroliers »

Le chiffre qui tue : les importations de pétrole en provenance de l'OPEP représentent 30 % de la consommation américaine, mais plus de 40 % de la consommation européenne[1].

Selon de nombreux commentateurs, la politique extérieure des États-Unis s'expli-

---

1. Sources : CIA, British Petroleum.

querait d'abord par l'influence des intérêts pétroliers et la volonté de mettre main basse sur les ressources pétrolières de la planète.

Ces accusations ont été largement répétées, non seulement à l'occasion des deux guerres du Golfe (1991 et 2003), mais même lors de l'invasion américaine de l'Afghanistan à l'automne 2001. L'Afghanistan n'a certes pas de réserves significatives de pétrole, mais le réalisateur Michael Moore (*Fahrenheit 9/11*, 2004) trouva le moyen d'expliquer que l'objectif de cette guerre était de faire passer un oléoduc en Afghanistan ; sept ans plus tard, on attend encore cet oléoduc !

Le fantasme d'une Amérique animée de pulsions prédatrices sur les ressources énergétiques de la planète ne résiste pas à l'analyse. Il est en revanche parfaitement exact qu'un des objectifs principaux de la politique étrangère américaine – et de la présence militaire des États-Unis à l'étranger – est de protéger les marchés énergétiques mondiaux contre le risque d'une rupture d'approvisionnement. L'action américaine protège certes les intérêts des États-Unis, mais aussi ceux de tous les importateurs d'énergie, y compris l'Europe, l'Inde, le Japon et la Chine. On voit mal comment les Européens pourraient reprocher aux États-Unis de protéger leur propre sécurité énergétique.

Quels « prédateurs » paient le prix du marché ?

La thèse des Américains prédateurs a été défendue par les critiques américains des États-Unis (Michael Moore, Noam Chomsky). On la trouve souvent mentionnée dans les débats européens. Enfin, elle a été fréquemment reprise par les terroristes engagés dans la lutte armée contre les États-Unis [1].

Cette thèse ne pourrait cependant être confirmée que s'il était prouvé que les ressources des pays qui connaissent une présence militaire américaine sont détournées pour les consommateurs américains. Autrement dit, il faudrait que la présence militaire américaine ait conduit les pays sources à ne pas recevoir le plein prix pour leurs ressources. Sinon – si les pays sources vendent leur pétrole ou leur gaz au prix du marché mondial – il ne peut pas, par définition, y avoir eu de prédation.

Or, c'est bien ce que l'on observe dans tous les pays pétroliers où les États-Unis maintiennent (ou ont maintenu) une présence militaire. Les alliés de l'Amérique – Arabie Saoudite, Irak, Bahrein ou Qatar –

---

1. Voir par exemple l'interview d'Oussama ben Laden par Peter Arnett, pour la chaîne de télévision américaine CNN, en mars 1997 : l'Amérique veut « *occuper nos pays, voler nos ressources, installer des gouvernements de collaborateurs…* ».

vendent leur pétrole et leur gaz sur les marchés mondiaux. Ils en reçoivent exactement le même prix que l'Iran ou le Venezuela, pays hostiles aux États-Unis. L'alliance américaine, ou la présence de troupes américaines, ne réduit pas d'un centime la rente pétrolière de ces pays. Les consommateurs américains – industrie et ménages – paient le même prix pour leur pétrole que tous les autres consommateurs, sauf l'effet de différences de taxation. Il n'y a donc pas, par définition, de prédation américaine.

Non seulement les États-Unis ne profitent pas de leurs alliances ou de leurs bases militaires pour imposer aux pays hôtes de leur faire un prix sur le pétrole et le gaz, mais ils ne parviennent même pas à influencer de manière significative la politique d'offre pétrolière et gazière de ces États. La plupart d'entre eux sont membres de l'OPEP, qui réunit alliés et ennemis de l'Amérique pour décider de la production de ses membres sans que les États-Unis puissent y faire grand-chose. Le membre le plus influent de l'OPEP, l'Arabie Saoudite, est certes un allié ancien et important de l'Amérique, mais décide de sa production en fonction de ses intérêts propres. Même des appels explicites des États-Unis à augmenter la production pour modérer les prix ne sont pas toujours écoutés. Le Président Bush a pu s'en apercevoir lorsqu'il a appelé à une modération des prix à Riyad, le 15 janvier 2008 : le lendemain, le ministre saoudien du Pétrole déclarait aux journalistes que le Royaume n'augmenterait sa production que « lorsque le marché le justifiera… ».

Le rôle de l'énergie en politique étrangère

Il reste néanmoins vrai que la politique étrangère des États-Unis est motivée, entre autres, par des considérations énergétiques. En cela, les États-Unis n'ont rien de particulier. Aucune nation ne fixe sa politique étrangère sans prendre en compte la question de l'énergie.

C'est d'abord le cas, naturellement, des puissances exportatrices. Ainsi, la première crise pétrolière de 1973 ne fut pas un phénomène de marché mais un événement politique : la décision du monde arabe d'utiliser l'arme pétrolière pour réduire le soutien de l'Occident à Israël en plein milieu de la guerre de Kippour [1]. Depuis lors, les décisions de l'OPEP relatives au niveau de production pétrolière sont autant motivées par la volonté de maximiser l'influence politique de ses membres (et notamment du principal, l'Arabie Saoudite) que par la volonté de stabilisation du marché.

Plus récemment, la Russie de Vladimir Poutine s'est mise à utiliser systématiquement l'arme énergétique pour augmenter

---

1. À l'inverse, la crise pétrolière de 1979 fut bien due à un phénomène de marché : elle fut entraînée par la désorganisation de l'économie iranienne, et donc la forte baisse de la production pétrolière, qui suivit la révolution islamique.

son influence politique : interruptions ciblées des livraisons de gaz à l'Ukraine pour freiner le rapprochement entre l'Ukraine et l'Europe de l'Ouest ; construction de gazoducs stratégiques vers l'Europe pour augmenter les moyens de pression de la Russie sur l'Union européenne ; coopération nucléaire avec l'Iran pour augmenter l'influence russe au Moyen-Orient.

Les puissances importatrices, elles aussi, font de l'énergie un des moteurs les plus importants de leur politique internationale. Le rapprochement significatif entre l'Europe et le monde arabe depuis les années 1970 fut largement dû à la volonté de sécuriser les approvisionnements pétroliers. La France a mis en place, pour ses approvisionnements gaziers, une politique d'équilibre entre l'Algérie et la Russie afin de n'être exclusivement dépendante d'aucune puissance. Plus récemment, la Chine s'est engagée dans une politique systématique d'accès aux ressources énergétiques qui l'a conduite à développer, entre autres, une ambitieuse politique africaine.

L'Amérique, elle aussi, a mis en place un réseau d'alliances destiné à améliorer la sécurité de ses approvisionnements. La principale de ses alliances est celle qui la lie à l'Arabie Saoudite depuis les années 1930. Les États-Unis apportent leur aide au régime saoudien pour se maintenir contre ses adversaires internes et ses ennemis régionaux, en échange de quoi les Saoudiens accordent à l'Amérique le droit d'investir dans des partenariats avec leur compagnie pétrolière, Saudi Aramco, et lui assurent un approvisionnement en pétrole – toujours, naturellement, aux prix du marché.

Il suffit d'examiner les termes de cette alliance pour comprendre l'étendue de la retenue américaine dans les relations avec les pays pétroliers alliés. L'Amérique s'interdit toute interférence dans les affaires internes de l'Arabie Saoudite ; elle respecte la nature du régime et n'intervient pas dans son fonctionnement interne.

Les militants des droits de l'homme pourraient, sur ce point, préférer une politique plus impérialiste – et considérer, par exemple, qu'en échange de la garantie de sécurité accordée aux Saoudiens, les États-Unis devraient leur imposer un plus grand respect des droits de l'homme. De même, lors de la révolution islamique en Iran en 1979, on aurait pu préférer que l'Amérique intervienne pour sauver le régime du shah, ne serait-ce que pour préserver la relation pétrolière privilégiée entre les États-Unis et l'ancien régime iranien.

L'observation des faits montre cependant qu'il n'en est pas ainsi. Les États-Unis ne se sont jamais crus autorisés à intervenir dans les affaires internes d'un État avec lequel ils avaient formé une alliance énergétique. Même en Irak, après l'invasion de 2003, les États-Unis se sont rapidement interdit d'imposer au pays un gouvernement favorable à leurs intérêts pétroliers. Ils ont laissé les Irakiens décider par les urnes du choix de leurs gouvernants, acceptant ainsi le risque que le gouvernement futur irait chercher ailleurs des partenariats énergétiques.

Ceux qui disent que la politique étrangère des États-Unis est décidée par le pétrole sont donc en contradiction. S'il faut comprendre par là que les États-Unis utilisent leur puissance à des fins prédatrices, cela est manifestement faux. Mais s'il faut entendre que la politique étrangère américaine est en partie orientée par les intérêts énergétiques des États-Unis, cela est à la fois vrai… et parfaitement trivial, et cela ne distingue pas les États-Unis des autres puissances.

Il existe bien, pourtant, une spécificité de la politique étrangère américaine en matière pétrolière et gazière. Cette spécificité est directement liée à la capacité militaire unique de l'Amérique et à sa capacité de projeter des forces dans le monde entier. Mais, contrairement à ce que les amériphobes veulent faire croire, la combinaison de la puissance militaire et de la poursuite d'intérêts énergétiques nationaux ne fait pas de l'Amérique l'« État voyou » du marché pétrolier. Au contraire, elle conduit les États-Unis à jouer un rôle unique pour stabiliser les marchés de l'énergie et, de ce fait, préserver la paix mondiale.

La stabilisation des marchés pétroliers et gaziers

Pour comprendre le véritable rôle des États-Unis en matière pétrolière et gazière, il suffit de se demander ce que serait ce marché en l'absence d'une présence militaire américaine.

Ainsi, la présence militaire américaine dans le Golfe arabo-persique serait, naturellement, bien moins importante si cette région n'était pas le premier centre de production pétrolière du monde. Que serait donc le Golfe sans présence militaire américaine, et quelles en seraient les conséquences pour les pays importateurs comme l'Europe ?

Vu l'intensité des haines qui divisent le Golfe – en particulier entre l'Arabie Saoudite et l'Iran, deux puissances rivales pour la direction morale des musulmans du monde – il est probable qu'un Golfe arabo-persique sans présence américaine serait soit en pleine préparation d'une guerre régionale, soit en train de se livrer à cette guerre. La protection militaire américaine accordée depuis plusieurs décennies à l'Arabie Saoudite – et désormais étendue à l'Irak démocratique – est le principal frein à une guerre régionale de forte intensité. Les combats qui déchirent l'Irak depuis l'invasion américaine sont, au moins pour partie, une « guerre de procuration » entre un islam shiite dominé par l'Iran et un islam sunnite dont l'Arabie Saoudite prétend être le défenseur. Si l'Iran pouvait attaquer directement l'Arabie Saoudite – ou l'inverse – sans risquer des représailles américaines, le chaos irakien s'étendrait rapidement à toute la région.

Il ne fait guère de doute qu'une guerre régionale généralisée dans le Golfe aurait une dimension navale. Chaque puissance chercherait à appauvrir son ennemi en empêchant ses exportations pétrolières, conduisant en pratique à bloquer la plus grande partie des exportations de pétrole de la région. Cela entraînerait, pour l'Europe, un effondrement économique sans précédent : une explosion des prix du pétrole, de considérables ruptures d'approvisionnement, l'impossibilité de se déplacer, la fermeture d'usines faute de combustible abordable… plus qu'une simple récession, un retour en arrière de plus d'un demi-siècle pour les économies européennes.

Au lieu de cela, l'impressionnante présence navale américaine dans le Golfe garantit que le conflit entre Iran shiite et puissances sunnites reste limité à quelques attentats terroristes en Irak. Elle permet de maintenir ouvert le détroit d'Ormuz malgré l'intensité des tensions régionales. Et cela permet, à son tour, de préserver les approvisionnements en pétrole de toutes les zones importatrices – les États-Unis bien sûr, mais aussi l'Europe, la Chine, l'Inde et le Japon.

Ce rôle stabilisateur de la présence militaire américaine n'est d'ailleurs pas limité au Golfe arabo-persique. La présence navale des États-Unis sur tous les continents est le principal frein au développement à grande échelle du piratage sur les mers du globe, malgré la présence de cibles particulièrement tentantes. Pour la première fois dans l'histoire de la navigation mondiale, les pirates se limitent à certaines zones (corne de l'Afrique, mer de Chine) et surtout, aucun État ne finance ou ne soutient plus cette activité. Il n'en serait pas longtemps ainsi si les États n'étaient pas dissuadés par le risque de représailles américaines. Des mers moins sûres nuiraient immédiatement à l'approvisionnement du monde en gaz et en pétrole et mettraient en danger toutes les économies importatrices.

Tout cela ne signifie pas, bien sûr, que la politique énergétique des États-Unis soit motivée par l'altruisme. Les États-Unis veulent garantir la sécurité de leurs propres approvisionnements et leur influence auprès des puissances exportatrices. En cela, ils ne se distinguent en rien de l'Europe ou de la Chine.

La différence entre les États-Unis et les autres puissances est cependant importante. Les méthodes utilisées par l'Amérique pour garantir son influence et ses approvisionnements comprennent non seulement la poursuite d'alliances politiques et commerciales – comme le font aussi la Chine ou la France – mais aussi le déploiement d'une force assez massive pour dissuader ceux qui voudraient, dans la poursuite de leurs propres rêves de puissance, interrompre ou gêner le commerce du pétrole et du gaz.

Cette dimension de la politique énergétique américaine – qui n'est comparable à ce que fait aucune autre puissance – bénéficie à tous les États de la planète. Elle garantit aux consommateurs leur approvisionnement, et aux producteurs la bonne livraison de leur produit.

Les critiques des États-Unis ont donc raison sur un point : ce pays est bien un acteur différent de tous les autres sur les marchés du pétrole et du gaz. Mais cela ne vient pas de ce qu'il serait motivé par l'avarice et la prédation. Cela ne vient pas non plus du fait que les approvisionnements énergétiques jouent un rôle dans la politique étrangère américaine : c'est le cas de tous les pays du monde. La particularité américaine est que l'Amérique est le seul gendarme mondial des approvisionnements de pétrole et de gaz. L'existence d'un tel gendarme réduit les risques de tous les autres pays engagés sur ces marchés.

4.

« Les États-Unis menacent la paix
du Moyen-Orient
par leur soutien inconditionnel
à Israël »

Le fait qu'on ignore : les ventes d'armes américaines vers les pays musulmans du Moyen-Orient sont quatre fois plus élevées que vers Israël.

L'alliance militaire entre Israël et les États-Unis est souvent présentée comme un facteur de déstabilisation du Moyen-Orient.

Dans la version la plus civilisée de cet argument, l'aide militaire fournie à Israël par les États-Unis serait un obstacle au règlement pacifique du conflit israélo-palestinien. Si cette aide n'existait pas – ou du moins, si l'Amérique la conditionnait à des concessions israéliennes – Israël adopterait un comportement moins agressif et serait incité à négocier avec les Palestiniens. Ces négociations conduiraient nécessairement à un partage raisonnable des terres et à la fin du conflit. C'est ce que suggérait par exemple Pascal Boniface, peu après la réélection de George W. Bush, dans une interview : « *[Bush] peut débloquer les choses s'il le veut. L'aide financière et militaire qu'il garantit à Israël constitue un sérieux moyen de pression*[1]. »

Une autre version – plus violente – du même argument est que l'alliance israélo-américaine serait, dans son essence même,

---

1. *Le Nouvel Observateur*, 18 novembre 2004.

hostile aux peuples musulmans. C'est l'interprétation des groupes jihadistes, aussi bien sunnites comme al Qaeda et les Frères musulmans que shiites comme le Hezbollah et le gouvernement iranien. Cette galaxie de la guerre sainte voit dans le soutien américain pour Israël, et inversement, la preuve de l'existence d'un complot judéo-chrétien contre l'islam. Ainsi, le Président iranien Mahmoud Ahmadinejad explique qu'Israël est une création des « *pouvoirs mondiaux* » (l'Occident et, plus particulièrement, l'Amérique) pour « *effrayer et dominer les autres nations* [musulmanes] *de la région* ». Oussama ben Laden a plusieurs fois justifié ses actions terroristes en affirmant que l'islam est attaqué par une alliance des Juifs et des « *croisés* » (chrétiens).

Sous une forme différente, l'idée d'une alliance essentiellement agressive a été importée depuis ses sources jihadistes jusqu'à certains héritiers intellectuels de la gauche occidentale. Emmanuel Todd, dans

Après l'empire (cf. chapitre 7) voit ainsi dans Israël et dans les États-Unis deux États marqués par des pathologies similaires : une hostilité anthropologique fondamentale face à l'Islam, un « *goût pour l'inégalité* » et un besoin d'agresser leurs voisins pour préserver leur propre statut. L'argument est plus sophistiqué que celui d'Ahmadinejad ou ben Laden, mais il conduit à la même conclusion : l'alliance israélo-américaine serait motivée, d'abord et avant tout, par une volonté judéo-chrétienne d'agresser le monde arabe et musulman.

Enfin, quand on progresse d'un cran supplémentaire dans le délire, l'alliance entre Israël et les États-Unis est parfois expliquée par l'existence d'un groupe d'influence néfaste qui, à lui seul, manipulerait la politique étrangère des États-Unis pour lui faire servir les intérêts d'Israël au détriment des intérêts nationaux américains.

L'origine antisémite de cette dernière explication ne fait guère de doute. Elle s'inscrit dans le droit fil de la théorie du complot juif mondial qui, à travers les siècles, a infecté des civilisations entières (d'abord en Europe, puis dans le monde musulman), fournissant une clef facile aux malheurs du monde et un prétexte pour ceux qui veulent haïr.

Pourtant, la théorie d'un complot pro-israélien qui orienterait la politique américaine au détriment des intérêts nationaux des États-Unis ne se limite pas à des grognements de sauvages au fond des bois. Elle a été explicitement reprise dans un ouvrage récent, par les professeurs américains John Mearsheimer et Stephen Walt [1].

L'analyse de Walt et Mearsheimer n'est pas techniquement antisémite, car ils notent (avec raison) que les Juifs américains ne sont pas tous actifs dans le lobby pro-israélien et n'en sont pas tous partisans. Mais ils rejoi-

---

1. *The Israël Lobby and US Foreign Policy*, Kindle Edition, 2006.

gnent les théoriciens antisémites du complot dans leur conviction que les groupes d'intérêt pro-israéliens ont un pouvoir mystérieux, qui leur permet de convaincre un pays entier d'agir à l'encontre de ses propres intérêts. Pour reprendre les mots mêmes des deux auteurs : « *les États-Unis ont accepté de négliger leur propre sécurité pour servir les intérêts d'un autre État* ». Ils considèrent ainsi que les États-Unis ne sont menacés par le terrorisme que parce qu'ils soutiennent Israël – et que le soutien apporté à Israël « *complique* » les relations des États-Unis avec le monde arabe.

Israël : un allié parmi d'autres au Moyen-Orient

Curieusement, ceux qui disent que les États-Unis sont prisonniers de leur alliance avec Israël sont souvent les mêmes qui affirment (cf. chapitre 3) que la politique étrangère américaine ne s'intéresse qu'au pétrole.

Or, les intérêts pétroliers sont naturellement proches des pays producteurs, donc du monde arabe.

Lorsqu'on sort de ces caricatures pour analyser la politique américaine au Moyen-Orient, on s'aperçoit que son principal objectif n'est ni la prédation pétrolière, ni le soutien de prétendues ambitions conquérantes d'Israël, mais – ô surprise – la préservation de l'influence des États-Unis dans la région.

Dans certains cas, cette politique d'influence a conduit les États-Unis à des actions « déstabilisatrices » au sens propre, c'est-à-dire destinées à modifier un *statu quo* où des puissances hostiles gagnaient en influence. Ce fut le cas par exemple de l'invasion de l'Irak en 2003, qui remplaça un régime ouvertement hostile par un régime démocratique allié. Ce pourrait être le cas de nouveau demain, si les États-Unis décident que la montée en puissance de l'Iran théocratique présente une menace insupportable pour la paix du monde.

Dans la très grande majorité des cas, cependant, cette politique d'influence a conduit les États-Unis à rechercher la stabilité de la région. Ils ont ainsi passé des alliances stratégiques avec l'Arabie Saoudite, Bahrein, l'Égypte, les Émirats Arabes Unis, l'Irak, la Jordanie, le Koweit, Oman, le Pakistan, le Qatar et la Turquie. Chacun de ces pays reçoit de l'Amérique des armes et une assistance militaire en échange d'une promesse de ne pas agresser militairement ses voisins. Ce lien de dépendance militaire permet de préserver une paix relative dans la région et d'y maintenir une influence américaine, même dans les pays où la population est plutôt hostile.

L'importance stratégique des liens entre les États-Unis et leurs alliés musulmans a fortement augmenté depuis le début du XXIe siècle sous l'influence de deux facteurs

– qui se recoupent d'ailleurs en grande partie. En premier lieu, l'Iran a affirmé l'ambition de devenir la puissance dominante de la région, menaçant directement le rôle traditionnel de l'Amérique. Cette montée en puissance de l'Iran fait peur aux puissances arabes, au Pakistan et à la Turquie. À l'exception de la Syrie qui a choisi l'alliance iranienne, les autres pays sunnites de la région ont donc resserré leurs liens avec l'Amérique pour faire contrepoids aux ambitions perses.

L'autre raison du renforcement des alliances entre les États-Unis et les puissances musulmanes est le rôle important de ces puissances dans la collecte d'informations sur le terrorisme. Au cours de la décennie, de nombreux terroristes ont été tués ou arrêtés par les forces américaines grâce à des informations fournies, par exemple, par la Jordanie, l'Arabie Saoudite ou le Pakistan. Certes, certaines de ces puissances jouent parfois un double jeu et préservent volontairement une partie de la menace, ne serait-ce que pour préserver leur propre caractère indispensable pour l'Amérique. Mais un allié à 70 % vaut toujours mieux qu'un ennemi à 100 %.

Ambitions iraniennes et menace terroriste ne sont d'ailleurs pas deux phénomènes distincts. L'Iran arme et soutient non seulement les terroristes shiites libanais du Hezbollah, mais aussi les terroristes sunnites palestiniens du Hamas. La République islamique a eu, à l'occasion, des relations de travail constructives avec al Qaeda, comme cela a été documenté à plusieurs reprises [1].

Les alliances musulmanes représentent, pour les États-Unis, un enjeu bien plus important en quantité que leur alliance avec Israël. D'après l'Institut suédois international de Recherche sur la Paix (SIPRI), une organisation pacifiste, le total des transferts

---

1. Voir notamment Kenneth Timmerman, *Countdown to Crisis*, 2005.

d'armes américaines vers neuf pays musulmans du Moyen-Orient (Bahrein, Égypte, Jordanie, Koweit, Oman, Pakistan, Arabie Saoudite, Turquie et Émirats Arabes Unis) a représenté 20,8 milliards de dollars entre 1997 et 2006, contre 5,6 milliards de dollars pour Israël. Deux pays – l'Égypte et la Turquie – ont chacun reçu davantage d'armes américaines qu'Israël. Ces chiffres semblent assez difficilement conciliables avec l'idée d'une Amérique foncièrement hostile à l'Islam.

Élément parmi d'autres de la politique américaine d'influence au Moyen-Orient, l'alliance avec Israël n'y joue pas un rôle essentiellement différent des alliances avec les puissances musulmanes. Les États-Unis vendent des armes à Israël et lui fournissent une assistance militaire. Cette coopération militaire contribue à garantir la survie d'Israël malgré l'hostilité de ses voisins – une survie dont on peut difficilement contester, sauf à donner aux mots le contraire de leur sens, qu'elle contribue à la stabilité du Moyen-Orient. En échange, l'Amérique obtient d'Israël des renseignements sur la région. Enfin, pour ne pas déstabiliser la région, les États-Unis incitent régulièrement l'État juif à une politique aussi conciliante que possible envers ses voisins.

À la lecture de cette dernière phrase, certains lecteurs français auront peut-être sursauté. L'Amérique n'est-elle pas systématiquement présentée comme le complice de la « politique expansionniste » d'Israël et de l'oppression des Palestiniens ?

C'est en effet ainsi que les choses sont souvent présentées. Ce n'est pas, cependant, la vérité.

Une influence modératrice sur Israël

Ce que l'on appelle la « politique expansionniste » d'Israël n'est pas une politique cohérente. C'est la conséquence historique

– imposée à l'État juif et non planifiée par lui – de sa victoire inattendue lors d'une guerre qu'il n'avait pas voulue : la guerre des Six Jours en juin 1967. L'alliance entre Égypte, Syrie et Jordanie avait amassé 250 000 soldats aux frontières d'Israël et menaçait ouvertement de rayer leur voisin de la carte (ce qui, pour le coup, aurait été quelque peu « déstabilisant » et légèrement « expansionniste »). Cette alliance perdit la guerre qu'elle avait initiée, et chacun des trois pays voisins perdit une partie de son territoire au profit d'Israël : la Jordanie perdit la Cisjordanie, l'Égypte perdit Gaza et le Sinaï, la Syrie perdit le Golan.

Israël n'a jamais initié de guerres destinées à annexer le territoire d'un de ses voisins. Lorsque l'État juif envahit le Liban en 1982, il le fit pour se protéger des attaques de l'OLP sur son territoire en provenance du territoire libanais. Israël ne demanda jamais une modification des frontières ou une extension de son territoire, et se retira en

2000 de la totalité du territoire libanais – ce qui fut reconnu à l'époque par le Conseil de Sécurité de l'ONU.

Après une victoire militaire – surtout lorsque le vaincu est la partie qui a commencé la guerre – il est assez naturel de vouloir profiter de la situation pour étendre son territoire. Le territoire polonais comprend une part importante du territoire allemand d'avant guerre ; la France s'est étendue en 1945 sur les terres italiennes de Tende et la Brigue. Pourtant, après la victoire de 1967, Israël commença par proposer de négocier le retour des terres conquises[1]. Ce n'est qu'après la claire expression d'un refus arabe de toute négociation[2] que l'État juif autorisa l'implantation d'une population juive dans ces territoires, pour des raisons en partie militaires et en partie idéologiques.

---

1. Vote à l'unanimité du cabinet israélien, 19 juin 1967.
2. Sommet arabe de Khartoum, 1er septembre 1967.

L'objectif des États-Unis a toujours été, depuis lors, de chercher une solution négociée impliquant un retrait d'Israël d'une part importante des territoires conquis, mais dans des conditions interdisant une nouvelle attaque qui menacerait l'avenir de l'État hébreu. En 1978, les États-Unis organisèrent les négociations de Camp David, à l'issue desquelles Israël rendit à l'Égypte la totalité du Sinaï (quatre fois le territoire israélien d'avant 1967) en échange de garanties de sécurité. De même, c'est largement sur l'insistance de George W. Bush qu'Ariel Sharon, en 2004, décida de retirer les troupes israéliennes et d'évacuer les villages juifs de la bande de Gaza (évacuation effectuée en août 2005).

Dans les relations entre Israël et les Palestiniens, les États-Unis furent à l'origine de la plupart des initiatives pour partager le territoire. Le Président Clinton présida les négociations qui conduisirent en septembre 1993 aux accords d'Oslo, qui créèrent une Autorité palestinienne contrôlant 40 % de la Cisjordanie et 90 % de Gaza. Par la suite, George W. Bush fut le premier Président américain à soutenir la création d'un État palestinien en Cisjordanie et à Gaza (discours du 24 juin 2002). Depuis lors, les États-Unis sont toujours intervenus en temps de conflit, aux côtés des puissances européennes, pour inciter Israël à la modération.

Dans leur alliance israélienne comme dans leurs autres alliances du Moyen-Orient, les États-Unis ont les mêmes objectifs : protéger leurs alliés d'une part, réduire les sources de tension régionale d'autre part. Il s'agit là, ni plus ni moins, d'une politique classique de stabilité : aucun allié américain ne doit être menacé, mais aucun d'entre eux ne doit menacer les pays voisins. En cela, la politique israélienne des États-Unis n'est absolument pas différente de leur politique égyptienne, pakistanaise ou saoudienne.

On objectera peut-être que malgré tous ces efforts, le conflit israélo-palestinien n'est toujours pas résolu. Cela ne démontre-t-il pas la partialité des États-Unis pour Israël ?

Eh bien, non – pas plus que le conflit du Cachemire entre l'Inde et le Pakistan ne démontre la partialité américaine pour son allié pakistanais. Si le conflit israélo-palestinien n'est pas résolu, c'est que les deux objectifs d'une politique de stabilité – réduire les sources de tension et garantir la sécurité des alliés de l'Amérique – ne sont pas toujours compatibles.

Ainsi, une source importante de tension régionale vient de la solidarité des autres peuples arabes envers les Palestiniens privés de la possibilité de se gouverner eux-mêmes. On en conclut que la création d'un État palestinien réduirait les tensions et favoriserait la stabilité. Mais dans le même temps, il y a de fortes chances pour qu'un État palestinien – s'il n'est pas accompagné de garanties de sécurité suffisantes – serve de base pour de nouvelles attaques contre l'État hébreu. C'est ce qui s'est produit dans la bande de Gaza, libérée par Israël en août 2005 et aussitôt devenue une vaste rampe de lancement de missiles contre les civils de l'ouest du Néguev. L'évacuation de Gaza, allant dans le sens d'un partage du territoire, aurait dû selon les explications traditionnelles avoir un effet stabilisateur. Dans les faits, elle a aggravé la menace de conflit et gravement déstabilisé toute la région.

Pour les États-Unis, une politique de stabilité ne peut donc pas simplement exiger toujours plus de concessions d'Israël. Elle doit à la fois chercher l'apaisement des tensions présentes et garantir la paix future, en combinant partage des terres et arrangements de sécurité. La mise en œuvre d'une telle combinaison est presque extrêmement compliquée, car les deux objectifs sont largement contradictoires : lorsqu'une terre est transférée aux Palestiniens, qui garantit qu'elle ne sera pas utilisée pour la guerre ?

Il n'y a donc rien d'étonnant à ce que le conflit israélo-palestinien se prolonge. Ce n'est pas le signe d'une partialité américaine : c'est simplement la preuve qu'il n'y a pas de moyens simples pour stabiliser le Moyen-Orient.

La spécificité d'Israël

Nous venons de démontrer que les objectifs de l'alliance avec Israël – maintien de l'influence américaine et stabilité régionale – ne sont pas différents de ceux des autres alliances américaines au Moyen-Orient. Et pourtant, parmi les alliés des États-Unis, Israël consacre une place à part dans le cœur des Américains.

Il existe une vraie sympathie entre les deux peuples, qui n'a pas d'équivalent avec les autres alliés de l'Amérique. Cette sympathie a augmenté depuis le début du XXIᵉ siècle : d'après un sondage national de mai 2007, 66 % des Américains avaient une opinion favorable d'Israël et 65 % soutenaient Israël dans son conflit avec les Palestiniens.

La politique internationale est calculatrice et froide, mais la politique interne doit tenir compte des préférences du peuple. C'est là que se trouve la vraie spécificité d'Israël. Les autres alliances sont acceptées au nom de la *Realpolitik* ; l'alliance israélienne est une exigence sentimentale de la grande majorité du peuple américain.

D'où vient cette sympathie ? Contrairement à ce qu'affirment Walt et Mearsheimer, l'action des lobbys pro-israéliens ne peut pas l'expliquer. Aucun lobby ne peut modifier à lui seul l'opinion des deux tiers d'un grand peuple ; croire le contraire est un signe à peu près sûr de délire paranoïaque. Pour la même raison, l'explication parfois avancée de l'importance du vote juif ne tient pas debout. Les Juifs représentent un peu moins de 2 % de la population américaine ; leur vote, qui va très majoritairement au parti Démocrate, n'est pas assez mobile pour faire la différence au niveau national.

Quatre raisons principales expliquent la profonde sympathie des Américains pour l'État d'Israël.

D'abord, une communauté de destin. Les États-Unis et Israël ont tous deux été construits par des immigrants qui fuyaient les persécutions et la pauvreté à la recherche d'une vie meilleure. Dans les deux pays, les nouveaux arrivants ont fait fructifier la terre et construit, à la sueur de leur front, les routes, les villes et les systèmes d'irrigation[1].

---

1. La référence aux villes n'est pas une erreur. Les villes d'Israël – à la seule exception de la ville de Ramle – n'ont pas été créées par les Arabes. Certaines sont antérieures à leur arrivée et furent fondées soit par les Hébreux, soit (le plus souvent) par les autres peuples qui vécurent à Canaan dans l'Antiquité. Mais la majorité des villes du pays – notamment Tel-Aviv et la plupart des villes du

Israël se distingue en ce que les immigrants revenaient à la terre de leurs ancêtres, dont ils avaient conservé les noms et la mémoire. Mais à cette différence près, les similarités sont assez fortes pour susciter la sympathie américaine.

Israéliens et Américains ne se contentent pas d'avoir un passé similaire : ils ont construit des sociétés fondées sur les mêmes valeurs. Israël, comme l'Amérique, est une démocratie, profondément attachée à la liberté de parole, à l'État de droit, à l'égalité des individus et à l'égalité des sexes. Cette communauté de valeurs et de modes de vie permet à l'alliance d'être plus qu'un arrangement de pouvoir : une vraie fraternité.

Parmi tous les alliés des États-Unis, Israël est celui qui a montré la solidarité la plus indiscutable avec l'Amérique. Les autres alliés ont souvent des opinions publiques

---

centre à forte densité de population – sont des créations récentes, postérieures au retour des Juifs dans leur terre ancestrale.

plus ou moins hostiles aux États-Unis. Il arrive que leurs gouvernants encouragent activement l'amériphobie ; c'est très fréquent dans le monde arabe mais aussi, à l'occasion, en Europe et en Asie. L'opinion publique israélienne, au contraire, est aussi massivement pro-américaine que l'opinion américaine est pro-israélienne. Pour ne prendre qu'un exemple, après les attentats du 11 septembre 2001, les populations « alliées » des pays arabes ont manifesté soit de l'indifférence, soit de la joie ; les Israéliens, eux, ont multiplié les signes de sympathie. En Israël, les États-Unis savent qu'ils n'ont pas seulement un allié mais un ami.

Enfin, on ne doit pas négliger l'importance de la culture biblique américaine. Dans sa plus large part, le christianisme américain est d'origine calviniste et, comme Jean Calvin lui-même, prend au sérieux la description du peuple juif comme le peuple élu. Pour les nombreux Américains élevés dans cette école du christianisme, la solidarité avec Israël est une obligation morale, conséquence du rôle unique donné par Dieu aux Juifs.

Toutes ces raisons expliquent pourquoi, alors même que la politique étrangère des États-Unis ne distingue pas Israël des autres alliances américaines du Moyen-Orient, celui-ci a pourtant une place privilégiée parmi les alliés de l'Amérique. Il a fallu, pour l'expliquer, enfreindre un peu la règle fixée dans l'introduction de ce livre, de ne parler que de politique étrangère et non de la société américaine. Il est difficile de séparer entièrement le caractère d'une société de ses interactions avec le reste du monde. Cette difficulté est encore plus grande lorsqu'il s'agit de répondre à l'accusation selon laquelle les États-Unis donneraient un rôle trop important, dans leur politique étrangère, à la religion chrétienne.

5

« Les États-Unis sont un pôle de religiosité chrétienne fanatique »

L'idée qu'on oublie : la force du christianisme dans la société américaine est l'une des explications de la retenue des États-Unis en politique étrangère.

Être un bon amériphobe est plus complexe qu'on ne croit. Il ne suffit pas de croire que la politique étrangère américaine est, simultanément, dans les mains des lobbys pétroliers pro-arabes et dans celles d'Israël. Il faut encore ajouter que l'Amérique donne trop de place, dans la conduite de sa politique étrangère, à la promotion de la religion chrétienne.

Ce thème a été brièvement populaire en France après que le Président Bush, préparant l'opinion à la guerre contre l'Afghanistan après les attaques du 11 septembre, eut appelé ce conflit « *une croisade du Bien contre le Mal* ». Les gazettes semblèrent oublier soudain que le mot « *croisade* » ne fait plus référence depuis longtemps aux Croisades du Moyen Âge. Chacun semble avoir aujourd'hui sa « croisade » personnelle : contre l'injustice sociale, contre le tabac, contre le réchauffement climatique… La presse utilise souvent ce mot pour décrire des actions volontaristes qu'elle approuve – contre l'obésité, le tabagisme ou le racisme par exemple. Mais soudain, à l'automne 2001, les gazettes voulurent voir à tout prix, dans l'usage du même mot par un Président américain, l'aveu implicite que la guerre qui s'annonçait serait, comme au Moyen Âge, une revanche de la chrétienté contre l'islam. Dans une confirmation de la prédiction de George Orwell sur la « *novlangue* » (dans *1984*), le même mot devient une louange ou une critique selon qu'il est appliqué aux amis ou aux ennemis.

Certains critiques américains de la politique étrangère de leur pays ont abondamment repris ce thème. Chris Hedges, dans *American Fascists*[1], considère ainsi que les convictions chrétiennes d'une partie de la droite américaine servent à justifier les violences illégales commises par les États-Unis ou leurs alliés. Ainsi (selon l'exemple de Hedges), le financement américain de milices anticommunistes en Amérique centrale pendant la Guerre froide aurait été justifié par l'idée que le communisme était l'œuvre du diable[2]. Il explique la

---

1. Simon & Schuster, 2004.
2. Non que l'origine diabolique du communisme soit une

politique américaine au Moyen-Orient par l'influence de « *chrétiens messianiques qui croient avoir reçu le droit divin ou moral de dominer le cinquième de la population mondiale qui pratique la religion musulmane* ». Dans le même esprit, David Linker décrit dans son livre *Theocons*[1] l'influence d'une droite religieuse – principalement catholique – justifiant la guerre d'Irak en application de la théorie thomiste de la guerre juste.

Les auteurs français, pour leur part – généralement réticents à accepter l'idée que l'Amérique subit, entre autres, une influence catholique –, ont plutôt insisté sur le rôle des protestants évangéliques.

Le 26 février 2004, *Le Nouvel Observateur*

---

hypothèse absurde, au contraire ; mais il est dommage que Hedges néglige une explication plus simple de l'action américaine ; les États-Unis auraient pu, tout simplement, vouloir combattre une puissance hostile et augmenter leur propre puissance.

1. Doubleday, 2006.

titrait ainsi *Les évangéliques : la secte qui veut conquérir le monde*. L'hebdomadaire développait la thèse selon laquelle la politique étrangère de George W. Bush s'expliquait par sa foi en une « *apocalypse proche* » et dans la « *bataille finale entre le bien et le mal* ». Selon cette grille d'analyse, la guerre d'Irak aurait été motivée par le désir d'« *investir avec force l'univers islamique, ultime zone de mission* ». Par la suite, le chercheur Sébastien Fath [1] a émis l'hypothèse que le mouvement évangélique américain aurait donné naissance à une nouvelle forme de millénarisme dans laquelle l'Amérique elle-même, sans avoir à attendre le retour du Messie, aurait reçu mission divine de sauver l'humanité.

Arrivés à ce point, on commence à s'y perdre. Tous les critiques semblent s'accorder sur le fait que les États-Unis poursuivent des intérêts occultes dans leur politique étrangère ; mais ils ne parviennent pas

---

1. *Dieu bénisse l'Amérique*, 2004.

à se mettre d'accord pour identifier ces intérêts. Il faudrait pourtant se décider : intérêts pétroliers, lobby pro-israélien, protestants évangéliques ou « *théoconservateurs* » catholiques ?

En dénonçant l'influence de la religion chrétienne, les critiques des États-Unis confondent une caractéristique interne de la société américaine (elle donne plus de place que l'Europe à la religion chrétienne) avec un moteur de politique étrangère. L'observation ne fait apparaître aucune ambition de promotion du christianisme dans la politique étrangère américaine. Dans la mesure où le christianisme exerce une influence sur les choix de politique étrangère, il s'agit d'une influence indirecte, démocratique, qui réduit les tensions au lieu de les aggraver.

L'absence d'une politique étrangère chrétienne

Le chapitre précédent a déjà montré l'importance, pour les États-Unis, des alliances avec plusieurs États musulmans ainsi qu'avec l'État juif – un fait déjà peu compatible avec l'idée d'une politique étrangère missionnaire. Mais on peut également réfuter cette idée en se demandant ce que feraient les États-Unis si la promotion du christianisme était vraiment leur objectif. On pourrait s'attendre, par exemple, aux phénomènes suivants.

L'Amérique encouragerait la création d'alliances entre nations chrétiennes ainsi que d'organisations internationales réservées aux pays chrétiens.

Elle encouragerait les organisations régionales existantes, en Europe et en Amérique latine, à renforcer leur identité chrétienne.

Dans les conflits entre nations chrétiennes

et non chrétiennes, elle prendrait en principe parti pour les premières.

Elle utiliserait son immense puissance pour protéger les minorités chrétiennes persécutées dans plusieurs pays musulmans ou communistes.

Enfin, les États-Unis, comme l'Europe d'autrefois, utiliseraient leur présence militaire mondiale pour encourager la propagation de la foi chrétienne, en finançant des activités missionnaires et en mettant, à l'occasion, leur force au service de la conversion des incrédules.

De telles actions seraient le signe d'une politique étrangère authentiquement chrétienne. Elles ne feraient d'ailleurs que refléter les initiatives d'États musulmans.

Il existe ainsi une organisation internationale réservée aux pays musulmans : l'Organisation de la Conférence islamique (OCI), deuxième plus grande organisation internationale du monde après l'ONU. Cette organisation a refusé d'admettre en son sein les pays où les musulmans sont minoritaires, y compris l'Inde qui abrite plus de musulmans que chacun des pays membres sauf l'Indonésie.

De même, certains pays musulmans font de la promotion de l'islam un objectif explicite de leur politique étrangère, finançant des activités missionnaires sur fonds publics (Arabie Saoudite, Iran) ou cherchant, sans toujours y parvenir, à faire émerger un vote musulman cohérent au sein des organisations internationales. La défense des peuples musulmans opprimés est – en principe du moins – l'un de leurs principes moteurs, même si certaines oppressions suscitent plus d'attention que d'autres (les Palestiniens, par exemple, sont plus souvent mentionnés que les Ouighours de Chine).

Aucun lien de ce type ne peut être établi entre politique américaine et religion chrétienne. Il n'existe pas d'organisation internationale des États chrétiens ; les États-Unis n'ont jamais suggéré sa création. Sur la question d'une adhésion de la Turquie à l'Union européenne, ce sont les Européens – prétendument laïques – qui semblent hésiter à faire entrer dans leurs rangs un grand État musulman. Les États-Unis, que les Européens accusent volontiers de théocratie, soutiennent au contraire cette adhésion.

De même, la protection des minorités chrétiennes opprimées ne fait pas l'objet d'une attention particulière de la politique étrangère des États-Unis, ni d'ailleurs d'aucune puissance. Le sujet est parfois évoqué dans le cadre général de la défense des droits de l'homme. Mais aucun signe n'indique que les États-Unis accordent plus d'attention, par exemple, à la situation des catholiques chinois de « l'Église des catacombes » qu'à celle du Falun Gong ou d'autres minorités religieuses. Lors de l'invasion de l'Irak, malgré leur forte présence militaire sur le terrain, les États-Unis n'ont fait aucun effort particulier pour s'appuyer sur la minorité chrétienne.

L'exemple le plus frappant de la dissociation complète entre politique étrangère et ambitions religieuses est celui de la politique américaine dans les Balkans au cours de deux des étapes de la dissolution de la Yougoslavie : la guerre de Bosnie-Herzégovine (1992-1996) et la période allant de la guerre du Kosovo (1998-1999) à l'indépendance du Kosovo en 2008.

Lors de ces deux conflits, la politique américaine cherchait avant tout à mettre fin aux crimes de guerre serbes et à contrer l'influence de la Serbie. Cette priorité a conduit les États-Unis à se porter au secours des Bosniaques et Kosovars musulmans contre les Serbes chrétiens. Les Américains se retrouvèrent ainsi alliés *de facto* avec les mouvements jihadistes – qui envoyèrent eux aussi un soutien militaire aux Bosniaques, puis aux Kosovars. Cette vérité historique paraît peu compatible avec l'image d'une Amérique en croisade.

Mais surtout, la priorité donnée à l'affaiblissement de la Serbie (qui était, certes, l'agresseur initial et l'auteur des crimes de guerre les plus graves comme le massacre de Srebrenica en juillet 1995) a conduit les États-Unis à appliquer une politique de « deux poids, deux mesures » *défavorable* aux populations chrétiennes. L'OTAN sous direction américaine répondit par la guerre aux déplacements forcés de populations bosniaques, puis kosovares, rapidement baptisés « épuration ethnique ». Mais lorsque le Kosovo (placé sous protection des forces des Nations unies après la fin de la guerre en juin 1999) mit en œuvre sa propre politique d'épuration ethnique de la minorité serbe, les États-Unis et leurs alliés laissèrent faire sans s'émouvoir.

L'observation ne permet donc pas d'affirmer que la politique étrangère américaine soit particulièrement motivée par des ambitions chrétiennes.

Il est pourtant vrai que la foi chrétienne

tient un rôle important dans la société américaine ; or, en démocratie, les sentiments du peuple ont toujours quelque influence sur les actions des dirigeants. Mais rien n'indique que l'influence chrétienne en Amérique ait jamais déstabilisé les affaires du monde. Au contraire, elle a contribué à rendre la politique étrangère américaine moins agressive et plus encline à porter secours.

L'effet modérateur de la culture chrétienne

La place du christianisme est bien plus importante aux États-Unis que dans la moyenne des pays européens. Cette différence concerne d'abord l'intensité de la pratique et de la foi. D'après une étude du Max Planck Institute [1], le pourcentage d'adultes américains qui considèrent que la

---

1. *Religion, Religiousness and Fertility in the U.S. and in Europe*, mai 2006.

religion joue un rôle important dans leur vie est de 59 %. En Europe, la réponse varie entre 11 % pour la France et 36 % pour la Pologne. Un sondage Harris/ *Financial Times* de décembre 2006 indiquait que 4 % des Américains se considèrent athées et 14 % agnostiques, contre respectivement 7 % et 20 % en Italie et 32 % en France pour chacune des deux catégories ; les autres pays européens sondés se situaient entre les deux extrêmes italien et français.

Il existe par ailleurs une différence importante d'attitude entre les deux continents sur la question du rôle de la religion dans la vie publique. D'après un sondage Ipsos de juin 2005, 39 % des Américains étaient favorables à ce que les responsables religieux cherchent à influencer les décisions des gouvernements. Le pourcentage était nettement plus faible dans les pays européens (entre 11 % en France et 33 % en Italie).

Cette divergence est le résultat d'histoires différentes. La plupart des pays d'Europe ont dû, à un moment ou l'autre de leur histoire, combattre la tendance des religions organisées à vouloir dominer l'ensemble de la société. Le mélange entre foi et vie publique est donc perçu avec méfiance. La plupart des Européens considèrent que la religion doit rester une affaire privée et que son intrusion dans les affaires publiques présente un risque pour les libertés. L'État, dans cette vision du monde, protège l'individu contre la religion.

La situation est exactement inverse aux États-Unis, pays qui ne fut pas fondé par des adhérents des religions établies mais, pour une grande part, par des minorités religieuses fuyant la persécution. En souvenir de cette histoire, la pratique religieuse demeure aux yeux des Américains une part importante de la liberté individuelle. L'État, au contraire, est perçu comme une menace pour les libertés. La religion, dans cette perspective, protège l'individu contre l'État.

Cette particularité des attitudes religieuses américaines fait des États-Unis le seul pays au monde où une part importante de l'opinion publique juge la politique étrangère de son gouvernement selon sa conformité aux critères de la morale chrétienne.

Or la morale chrétienne, lorsqu'elle est prise au sérieux, peut modérer la politique étrangère. Alors que le ressort profond de la politique étrangère est le conflit des intérêts et l'utilisation sans scrupule des rapports de force, le Christ place au centre de son enseignement moral la Règle d'or : « *en toutes choses, fais aux autres ce que tu voudrais qu'ils te fassent* » (Mat. 7 :12). Sa moralité appelle à créer entre les hommes une communauté fondée sur la réciprocité, l'amour mutuel et la bonne foi – soit l'inverse à peu près exact d'une « communauté internationale » faite de rivalités, d'hostilités culturelles et politiques et d'une systématique mauvaise foi dans l'interprétation des traités.

Même la guerre, outil traditionnel des relations internationales, a vu son champ restreint par les théologiens chrétiens. Selon la synthèse faite au XIIIe siècle par Thomas d'Aquin [1] la guerre ne peut pas être déclarée par pure ambition territoriale, par revanche ou par fierté mais doit avoir une juste cause (protection, légitime défense ou prévention d'un mal plus grave que la guerre elle-même) ; elle doit avoir pour but de restaurer une vie normale pour les populations ; elle ne doit être entreprise qu'en dernier ressort et ne doit pas utiliser plus de force ou tuer plus de civils qu'il n'est strictement nécessaire.

Cette théorie de la « Guerre Juste » influence l'ensemble de la réflexion occidentale sur le sujet, y compris chez des militants qui seraient très vexés qu'on leur rappelle son origine chrétienne. Mais elle a un poids particulier dans une population qui, comme celle des États-Unis, est à la fois pénétrée de

---

1. *Somme Théologique*, II. 2, question 40.

références morales chrétiennes et capable de renverser un gouvernement qui ne respecterait pas ces critères de moralité.

Même si le gouvernement américain était aussi cynique et assoiffé de pouvoir que tous les autres, l'existence d'une opinion publique influencée par les principes chrétiens ne peut que profondément limiter la brutalité des interventions américaines dans le monde. De fait, la différence est frappante entre les discours de politique étrangère des États-Unis et ceux d'autres États. Dans plusieurs pays, la rhétorique de la force est souvent la meilleure recette pour faire accepter la politique étrangère par le peuple. Les Présidents de l'Iran, de la Russie ou du Venezuela, par exemple, doivent une grande partie de leur popularité à leurs rodomontades agressives répétées.

Aux États-Unis au contraire – même si la puissance est (comme partout) l'un des principaux motifs de la politique étrangère – les interventions à l'étranger ne sont presque jamais présentées comme la légitime expression d'une volonté nationale de puissance. En particulier, les actions militaires doivent, pour recevoir l'approbation de l'opinion publique, pouvoir être raisonnablement décrites comme des actes de secours aux populations civiles : libération de pays occupés (première guerre du Golfe en 1991), secours humanitaire (invasion ratée de la Somalie en 1993) ou installation de régimes démocratiques pour mettre fin à une tyrannie (invasion réussie de l'Irak en 2003). Une intervention portant secours aux populations civiles est conforme à la charité chrétienne. Au contraire, une démonstration de force brute serait contraire aux principes de la plupart des Américains.

Il ne s'agit pas, bien sûr, de prétendre que toutes les actions étrangères des États-Unis sont altruistes... Mais lorsqu'un gouvernement sait qu'il devra donner à sa politique extérieure une explication morale, cela limite sa capacité d'agir.

Il est intéressant, par exemple, que les États-Unis n'aient jamais pu rassembler le soutien populaire nécessaire pour monter une opération militaire massive contre Cuba, État à la fois hostile et dérisoirement plus faible que son grand voisin. Si les Américains ne se souciaient que de leur force, le régime cubain aurait disparu depuis longtemps. Sa survie montre que le peuple américain n'accepterait pas une invasion massive qu'il serait difficile de justifier en termes moraux.

Ce n'est pas non plus par hasard que les opérations de pure puissance menées par l'Amérique ont presque toujours été secrètes, parce que les gouvernements cherchaient à les cacher à leur opinion publique. On peut penser à l'aide apportée par l'Amérique au renversement de divers régimes hostiles (Mossadegh en Iran en 1953, Allende au Chili en 1973) ou à l'assassinat d'alliés américains devenus gênants, comme Ngo Dinh Diem au Sud-Vietnam assassiné en 1963 sur ordre du Président Kennedy. Dans tous ces cas, le gouvernement américain essaya de dissimuler sa responsabilité face à son opinion publique. L'Union soviétique n'avait pas fait tant de manières quand elle envahit l'Afghanistan en 1979 pour y installer un régime vassal.

Dans un monde où la circulation de l'information est immédiate et où les secrets sont presque impossibles à garder, ce recours à des actions secrètes devient de plus en plus difficile à organiser. La surveillance de la politique étrangère par l'opinion publique, et son exigence d'une politique aussi conforme que possible aux principes de base de la morale chrétienne, sont donc devenues des obstacles de plus en plus puissants à la mise en œuvre d'une pure politique de force.

Contrairement à toutes les puissances dominantes du passé, les États-Unis ne peuvent tout simplement pas se contenter d'imposer cyniquement leur force. La tentation, bien sûr, existe ; et l'on ne peut pas exclure que certaines actions de pure force continuent à être entreprises. Mais les décideurs sont responsables devant une opinion publique qui exige que la politique étrangère se conforme à des principes plus élevés. Juge démocratique de l'action de ses gouvernants, le peuple américain réduit la tentation des abus de pouvoir et exerce une force modératrice sur l'ensemble de la politique étrangère du pays. Il ne jouerait pas ce rôle avec la même conviction si sa culture n'était pas imprégnée d'enseignement chrétien.

6.

« Les États-Unis menacent la planète par leur refus de ratifier le Protocole de Kyoto »

Le fait qu'on ignore : les émissions de CO_2 des États-Unis augmentent moins vite que celles de l'Europe depuis 1999.

Il ne suffit pas aux amériphobes de déclarer que les États-Unis menacent l'ordre mondial par leur politique étrangère. Dans leur obsession de décrire l'Amérique comme une menace pour le monde, leur imagination haineuse aime à faire du pays une infection physique pour notre environnement.

L'Amérique, source de salissure et d'impureté ?

L'association d'idées entre Amérique et impureté physique a une longue histoire. Avant même que l'on ne commence à parler de pollution, le courant d'idées hostile à l'Amérique en Europe avait décrété que l'air américain était naturellement impur. Au XVIIIe siècle, le grand zoologiste français Georges-Louis Buffon était ainsi convaincu que l'air américain atrophiait toutes les espèces animales et réduisait l'énergie humaine[1].

À l'époque contemporaine, les amériphobes ont insisté pendant plusieurs décennies sur l'importance de la pollution

---

1. Ces textes cocasses de Buffon ont été retrouvés et analysés par Philippe Roger dans *L'Ennemi américain*, Le Seuil, 2002.

américaine. Puis, depuis la signature du Protocole de Kyoto en 1997, ils ont soudain cessé de parler de la pollution et ont concentré leurs attaques sur les émissions américaines de gaz à effet de serre, et plus particulièrement de CO_2 [1]. Comme toujours dans le fonctionnement d'une haine irrationnelle, ce n'est pas un motif particulier qui justifie la haine : c'est la haine qui vient en premier et se cherche un motif, quitte à l'abandonner plus tard pour un autre prétexte, plus à la mode.

Que l'on parle de pollution ou d'émissions de CO_2, l'un des thèmes les plus fréquents de la critique des États-Unis est de comparer la

---

1. Quoique les deux phénomènes soient régulièrement confondus, l'émission de gaz à effet de serre (substances qui, toutes choses égales par ailleurs, réchauffent l'atmosphère quand leur concentration augmente) est un phénomène entièrement différent de la pollution, ou émission dans l'environnement de matières étrangères qui perturbent le fonctionnement des systèmes écologiques. En effet, les principaux gaz à effet de serre – CO2 et vapeur d'eau – ne sont pas des matières polluantes, mais au contraire des substances indispensables à la vie.

part relative de leurs émissions avec leur poids dans la population mondiale. Ainsi, selon les données de l'Agence d'Information sur l'Énergie du gouvernement des États-Unis, les États-Unis émettent 20,5 % du CO_2 mondial pour 4,5 % de la population. Les amériphobes en concluent, naturellement, que l'Amérique est une pollueuse irresponsable.

Cependant, la comparaison entre émissions et population est largement absurde. Certes, chaque être humain produit du CO_2 à chaque expiration. Cependant, la plus grande partie des émissions d'origine humaine n'est pas liée à la vie mais à l'activité économique. Si l'on veut juger des efforts entrepris par un pays pour limiter ses émissions, il ne faut donc pas les comparer avec sa population, mais avec la richesse qu'il produit.

Il n'y aurait donc rien d'anormal à ce que le pays qui produit le plus de richesses au monde soit aussi celui qui émet le plus de polluants ou de gaz à effets de serre. Et pour-

tant, il n'en est rien. Selon l'Agence internationale de l'énergie, depuis 2006 le principal
émetteur de CO_2 n'est plus les États-Unis
mais la Chine, dont l'économie (au taux de
change officiel) représente environ un
cinquième de l'économie américaine.

Par unité de valeur produite, les États-Unis
sont donc loin d'être les principaux responsables des émissions de gaz à effet de serre.
Leur économie est plus lourdement émet-
trice que celle des pays européens d'environ
30 % par unité de valeur. Elle est en revanche
nettement plus propre que l'économie des
nouveaux pays industrialisés (en particulier la
Chine et l'Inde) et celle des anciens pays
communistes, à commencer par la Russie.

L'économie américaine se trouve donc
dans une position intermédiaire au niveau
mondial pour l'émission de gaz à effets de
serre. Pour ceux qui voudraient rendre
l'Amérique responsable de tous les malheurs
de la planète, on est loin du compte.

Mais surtout, l'analyse des tendances récentes montre que les États-Unis ont adopté des mesures plus efficaces que les autres zones économiques – y compris l'Europe – pour infléchir la tendance et réduire l'intensité des gaz à effet de serre dans leur économie.

Selon les données de l'Agence d'Information sur l'Énergie américaine (EIA) [1], les émissions de CO_2 de l'Europe (hors Russie) sont passées de 4,38 milliards de tonnes en 1999 à 4,67 milliards en 2005, soit une augmentation de 6,7 %. Au cours de la même période, les émissions de la Chine passaient de 2,93 à 5,32 milliards de tonnes, une augmentation de 81,6 %. Les émissions américaines, pour leur part, passaient de 5,65 à 5,95 milliards soit une augmentation de 5,3 % seulement. Le taux moyen d'augmentation des émissions était de 0,88 % par an aux États-Unis contre 1,1 % par an en Europe.

---

1. Voir *http://www.eia.doe.gov/environment.html.*

En 2006 (dernière année pour laquelle un nombre suffisant de données sont disponibles) la différence des tendances s'est accentuée : les émissions américaines ont diminué de 1,5 % en valeur absolue, tandis que celles de l'Europe augmentaient de 1,1 % (données préliminaires et limitées à l'Union européenne, fournies par le réseau d'informations Euractiv). Il faudra attendre les données des années suivantes pour savoir si ce décrochage est un accident statistique ou le début d'une tendance longue.

La meilleure performance des États-Unis sur l'Europe dans le contrôle des émissions de CO_2 est d'autant plus remarquable que la croissance économique américaine a été, sur la période, supérieure à celle de l'Europe. En 2006, année d'un apparent décrochage de tendance entre les émissions des deux zones, la croissance économique américaine et celle de la zone euro ont été exactement identiques à 2,9 %. Sur la moyenne des années 1999 à 2006, le taux de croissance américain moyen a été de 2,6 % par an, contre 2,0 % pour la zone euro [1].

Contrairement à des discours très répandus, les États-Unis ont donc fait plus que les autres zones économiques, y compris l'Europe, pour réduire la part des émissions de CO_2 dans leur économie. Ils partaient d'une situation moins favorable que celle de l'Europe mais meilleure, par exemple, que celles de la Chine ou de l'Inde.

Le diagnostic des chiffres est donc : situation moyenne pour le niveau absolu, premier rang mondial pour les efforts entrepris. Ces faits sont fort différents de la rhétorique amériphobe qui décrit une Amérique irresponsable, multipliant les émissions avec enthousiasme sans souci de l'avenir ou de l'environnement.

Mais les ennemis de l'Amérique, sur la question de l'environnement, ne se sont pas

---

1. Source : OCDE.

contentés de déformer ou de biaiser la réalité. Ils ont réussi à convaincre l'opinion publique d'une histoire entièrement fictive, en mêlant la haine générale des États-Unis et l'hostilité que le Président Bush a suscitée en Europe pendant son mandat. Avant de présenter brièvement les politiques qui ont permis aux États-Unis d'agir plus efficacement que d'autres pour limiter leurs émissions, il vaut la peine de revenir sur la légende urbaine qui voudrait que le Président Bush, montrant son indifférence absolue face à l'environnement, ait « refusé de signer le Protocole de Kyoto », ce qui ferait de lui une sorte de criminel écologique planétaire.

« Bush a refusé de signer le Protocole de Kyoto » : analyse d'une légende urbaine

Si l'on interroge aujourd'hui un Français éduqué sur la politique environnementale des États-Unis, il y a plus de dix-neuf chances sur vingt qu'il sera convaincu de l'histoire suivante : « *Les États-Unis se seraient engagés à réduire leurs émissions de CO_2 en signant le Protocole de Kyoto si Al Gore avait gagné l'élection de 2000 ; cela aurait réduit la menace écologique sur la planète. Mais George W. Bush a refusé de signer le Protocole, ce qui montre son indifférence criminelle à l'environnement.* »

Cette histoire est une invention complète.

Il est vrai que le Président Bush n'a pas signé le Protocole de Kyoto. Il est vrai aussi qu'il n'a pas signé le Traité de Versailles de 1919. La raison est la même dans les deux cas : ces deux traités internationaux avaient tous deux été déjà légalement signés par les États-Unis *avant* que le Président Bush entre en fonctions.

Le Protocole de Kyoto fut signé au nom des États-Unis par le vice-président Al Gore, le 12 novembre 1998. Cependant, en droit constitutionnel américain, les traités ne sont pas applicables du seul fait de leur signature par le pouvoir exécutif : ils doivent obtenir en outre la ratification du Sénat. Par exemple, le Traité de Versailles signé par le Président Wilson n'entra jamais en vigueur aux États-Unis du fait du refus de ratification du Sénat.

Pour ce qui concerne le Protocole de Kyoto, l'administration Clinton *savait pertinemment* avant même de le signer *qu'il ne serait jamais ratifié*. En effet, dès le 25 juillet 1997, le Sénat avait voté une résolution unanime (95 voix pour et cinq abstentions) déclarant que les États-Unis ne devraient adhérer à aucun traité qui ne comprenne pas des objectifs chiffrés pour les nations en développement, telles que la Chine et l'Inde (qui sont entièrement exemptées des objectifs de Kyoto) ou qui représenteraient un danger pour l'économie américaine. L'administration Clinton, ayant bien compris le message, n'envoya jamais le traité au Sénat pour ratification.

Avant de signer le Protocole, le vice-président Gore avait déclaré : « *Nous ne soumettrons pas cet accord pour ratification tant que des pays en développement clé ne participeront pas à cet effort (...) ceci est un problème mondial qui requiert des solutions mondiales*[1] ». Ceux qui affirment aujourd'hui que Gore, s'il avait été élu en 2000, aurait mis le traité en œuvre, prétendent donc l'exact inverse de ce que le vice-président lui-même avait déclaré.

Quelle est alors la responsabilité de George W. Bush ? En mars 2001, il annonça qu'il ne transmettrait pas le Protocole pour ratification au Sénat. Il précisa que cette décision n'était pas due à un désaccord avec les principes du traité, mais au fait que le Protocole exempte entièrement la Chine et

---

1. CNN, 11 décembre 1997.

d'autres pays en développement. Pour reprendre les mots du Président : « *Ceci est un défi qui exige un effort à cent pour cent : le nôtre et celui du reste du monde*[1]. »

Il suffit de comparer les décisions et les déclarations des deux administrations pour comprendre que la politique de Bush face au Protocole de Kyoto est rigoureusement la même que celle de Clinton et de Gore. Que ceux qui voient une différence veuillent bien expliquer, au regard des faits rappelés ci-dessus, ce qui les distingue.

Quant à l'idée selon laquelle les États-Unis en général, ou le Président Bush en particulier, se désintéresseraient de la question des émissions de CO_2, elle est d'abord contredite par les bons résultats obtenus depuis 1999, sous présidence Clinton, puis fortement améliorés en 2006 sous présidence Bush. On n'obtient pas de tels résultats sans un effort considérable de

---

1. Maison Blanche, communiqué de presse du 11 juin 2005.

l'État, des États fédérés et de l'industrie. L'analyse des faits confirme que les États-Unis, au cours de la dernière décennie, ont engagé d'importantes réformes pour réduire les émissions de gaz à effet de serre.

Les efforts engagés

Après avoir décidé, comme son prédécesseur, de ne pas transmettre le Protocole de Kyoto pour ratification à un Sénat qui avait promis de le rejeter, Bush se montra même plus actif que Clinton pour encourager par d'autres voies la réduction des émissions de gaz à effet de serre.

Le 14 février 2002, l'administration présentait un premier plan intitulé « *Ciel clair et changement climatique global* ». Ce plan prévoyait notamment de réduire de 18 % d'ici 2012 l'intensité des émissions de gaz à effet de serre dans le PIB (c'est-à-dire la quantité de gaz par unité de richesse produite). Plusieurs mesures étaient prévues à cette fin : entre autres l'attribution de 4,5 milliards de dollars de subventions à la recherche et de larges exemptions d'impôts (4,6 milliards de dollars sur cinq ans) pour les investissements dans l'énergie renouvelable.

Le 28 juillet 2005, les États-Unis ont signé avec cinq pays d'Asie-Pacifique (Australie, Inde, Japon, Chine et Corée du Sud) le Partenariat Asie-Pacifique sur le développement propre et le climat. Cet accord, que le Canada a rejoint en 2007, permet à chaque pays membre de fixer ses propres objectifs de réduction des émissions et encourage la coopération entre pays pour développer de nouvelles technologies contre les gaz à effet de serre.

Enfin, la loi sur l'Énergie du 29 juillet 2005 a lancé plusieurs réformes pour réduire les émissions de CO_2 : soutien fédéral aux énergies renouvelables, à l'énergie nucléaire et à la modernisation des centrales au charbon.

Depuis lors, l'administration Bush a multiplié les déclarations et les actions en faveur d'une réduction des consommations d'énergie : annonce d'un plan d'économie d'énergie (janvier 2007), appels répétés aux Américains à réduire leur propre consommation. En mars 2008, le gouvernement américain s'est engagé à ce qu'à partir de 2013, 7,5% de l'énergie électrique utilisée dans le pays provienne d'énergies renouvelables.

Cependant, la réussite relative des États-Unis par rapport à l'Europe n'aurait pas été possible si le gouvernement fédéral avait été seul à diriger l'effort contre les émissions. Les États fédérés et les grandes communes, que leur gouvernement soit Républicain ou Démocrate, ont eux aussi multiplié les initiatives.

L'exemple le plus souvent cité est celui de la Californie. Cet État prévoit de réduire les émissions de 22 % en moyenne entre 2009 et 2012 et de 30 % d'ici 2016. Il a mis en place un système de quotas d'émissions de CO_2 pour les industriels et contraint les constructeurs automobiles à réduire de 25 % les émissions de leurs véhicules ; cette politique de réduction autoritaire des émissions automobiles a été imitée depuis par les autres États de la côte Ouest, Oregon et Washington. La Californie a développé l'énergie d'origine solaire et éolienne et s'est donné ses propres objectifs de réduction des émissions de gaz à effet de serre (une diminution de 11 % avant 2010 et 87 % avant 2050). De ce fait, la Californie – qui a à elle seule un poids économique supérieur au Canada – est *de facto* liée par des obligations comparables à celles du Protocole de Kyoto.

La Californie n'est pas seule dans cet effort. Dix-huit États, dont le Texas et New York (deuxième et troisième États les plus peuplés après la Californie) contraignent les producteurs d'électricité à utiliser en partie des sources d'énergie renouvelables.

Le Texas en particulier – que beaucoup de Français aiment à caricaturer comme une terre de capitalisme sauvage et de mépris pour l'écologie – a instauré un dispositif de contrôle des émissions pour différents secteurs industriels et énergétiques. Le Texas est désormais, loin devant la Californie, le premier producteur d'énergie éolienne aux États-Unis.

De même, le Nevada s'est fixé un objectif de 20 % de sa consommation en énergies renouvelables d'ici à 2015, en utilisant à la fois l'énergie éolienne et l'énergie solaire.

Certaines initiatives ont été prises en commun par plusieurs États. Ainsi, en 2005, le gouverneur Républicain de l'État de New York, George Pataki, a pris l'initiative de créer *l'Organisation des États du Nord-Est pour la coordination de l'usage de l'air*. Cette organisation, que six autres États ont rejointe, vise à une baisse de 10 % des émissions de CO_2 d'ici à 2019 dans la région.

Enfin, les grandes villes ont, elles aussi, multiplié les initiatives. Minneapolis, dans l'État du Minnesota, s'est dotée d'un programme complet qui lui a déjà permis de réduire les émissions à un rythme plus rapide que celui imposé par le Protocole de Kyoto : remplacement de tous les éclairages municipaux par des ampoules LED, développement de pistes cyclables, remplacement de centrales au charbon par des centrales à gaz... Au printemps 2007, le maire de New York Michael Bloomberg a promis une réduction de 30 % des émissions de gaz carbonique d'ici à 2030 dans sa ville : rénovation des immeubles, plantation d'un million d'arbres, création d'un péage pour tous les véhicules à l'entrée de Manhattan. En juin 2005, les maires de 136 villes américaines ont pris l'engagement d'appliquer les normes du Protocole de Kyoto et de réduire d'ici à 2012 leurs émissions de gaz à effet de serre de 7 % par rapport à 1990.

Tous ces exemples – auxquels il faudrait encore ajouter les initiatives spontanées de plusieurs secteurs industriels en dehors des obligations imposées par les pouvoirs publics – montrent à quel point la réalité américaine est différente de l'image d'un pays pollueur et irresponsable.

Les États-Unis, il est vrai, ont longtemps bénéficié d'une énergie moins chère qu'en Europe. Ils en faisaient donc un usage moins économe dans l'industrie, les transports et le secteur du logement. Mais dans la dernière décennie, la volonté de lutter contre le changement climatique et d'utiliser plus efficacement l'énergie fait l'objet d'un consensus parmi les Américains. Démocrates comme Républicains ont engagé des efforts importants d'investissement et de recherche pour réduire les émissions. Ils y parviennent désormais mieux que les Européens…

La réponse à... Emmanuel Todd[1]

Contrairement à la plupart des auteurs anti-américains, Emmanuel Todd est un intellectuel respecté dans son domaine. Démographe et anthropologue, il a introduit avec succès dans le débat intellectuel une idée nouvelle, celle d'une influence des structures familiales sur les systèmes idéologiques[2] ainsi que sur le développement économique[3]. Todd fut aussi l'un des rares intellectuels à prévoir l'effondrement du système soviétique plus d'une décennie à l'avance[4].

Il n'est donc pas surprenant que le livre d'Emmanuel Todd contienne plus d'observa-

---

1. *Après l'Empire*, Gallimard, 2002.
2. *La Troisième planète*, Le Seuil, 1983.
3. *L'Enfance du monde*, Le Seuil, 1984.
4. *La Chute finale*, Robert Laffont, 1976.

tions intéressantes et de défis intellectuels que le reste de la littérature amériphobe française.

Malheureusement, les points les plus intéressants de l'ouvrage ont tous trait à la spécialité de son auteur – l'anthropologie et, plus particulièrement, l'anthropologie familiale. À l'inverse, son analyse de la politique étrangère américaine repose sur plusieurs contresens manifestes, démontrés par les événements historiques intervenus depuis lors, sur les motivations des États-Unis et d'autres puissances. Ses tentatives d'analyse économique cherchent en vain à démontrer l'existence d'un empire américain, tout en reconnaissant les faits qui rendent ce modèle inapplicable.

Contrairement à beaucoup d'anti-américains, Todd explique ce qu'il comprend du comportement des États-Unis non par la puissance de ce pays, mais par son déclin relatif. Ce déclin (mentionné au chapitre 1 du présent ouvrage) est un phénomène réel, même si l'économie et l'armée américaines font encore de l'Amérique la première puissance mondiale pour l'avenir prévisible.

Le cœur de la thèse de Todd est que l'Amérique réagit à sa perte de puissance relative en inventant des menaces à travers le monde qui justifieraient artificiellement son intervention. Pour démontrer cette thèse, Todd doit se livrer à deux exercices hasardeux. D'abord, tenter de démontrer que les menaces auxquelles répond l'Amérique n'existent pas. Ensuite, négliger entièrement les actions réelles de la politique étrangère américaine pour leur substituer un positionnement inventé de toutes pièces.

Il fallait une audace intellectuelle assez remarquable, écrivant dans les mois qui ont suivi l'attaque du 11 septembre 2001, pour affirmer comme il le fait que « *la planète tend vers la stabilité* » (p. 221), que « *l'Ancien Monde tend vers la paix* » (p. 73), et que les États-Unis sont le vrai fauteur de troubles.

Dans certains cas, Todd assoit sa démonstration sur une curieuse interversion des catégories générales du temps et de la logique. À l'appui de sa thèse selon laquelle l'Amérique aurait gaspillé par son comportement la sympathie du monde après l'attaque du 11 septembre, il cite en particulier « *le refus par les États-Unis du Protocole de Kyoto* » (p. 13) – alors que la déclaration du Président Bush sur ce sujet date, comme il a été montré au chapitre 6, de plusieurs mois avant l'attaque. Son assertion selon laquelle l'intérêt de la politique américaine pour l'approvisionnement pétrolier ne vient pas d'une analyse rationnelle est justifiée par l'idée que « *Une Amérique gavée de pétrole mais privée de ses approvisionnements en marchandise verrait sa consommation chuter de la même manière qu'une Amérique privée de pétrole* » (p. 163). Certes – mais il n'y a aucun moyen concret sur cette planète d'organiser un blocus général des marchandises exportées vers l'Amérique, alors qu'une désorganisation des approvisionnements en pétrole est parfaitement imaginable. Le grand anthropologue en est donc réduit à affirmer que se soucier d'une menace réelle est « irrationnel » parce qu'une autre menace, totalement impossible, serait aussi grave !

Mais si l'on met de côté ces points bas du raisonnement, la thèse centrale qu'utilise Todd pour affirmer que les menaces que combat l'Amérique sont des menaces fictives n'est pas sans intérêt. Le développement du terrorisme jihadiste, en particulier, est selon lui le résultat d'une « *crise de transition* » des sociétés musulmanes, qui sont en train de passer d'un état historique marqué par une forte natalité et une faible alphabétisation à un nouvel état, où la natalité est contrôlée et l'alphabétisation se répand. Cette transition finira par conduire à des sociétés apaisées ; mais la phase intermédiaire provoque de profondes angoisses identitaires, ce que Todd appelle une « *hystérie de transition* » (p. 66) qui, dans le cas des sociétés musulmanes, se traduirait par le jihadisme comme elle s'est traduite par la Terreur en France, le stalinisme en Russie et l'hitlérisme en Allemagne.

Cette hypothèse est intéressante ; peut-être même est-elle vraie. En revanche, la conséquence qu'en tire Todd – l'Amérique invente une menace fictive – est un *non sequitur* complet.

D'abord, avec tout le respect dû à l'auteur, un État qui négligerait d'agir contre une menace réelle parce qu'un théoricien lui affirme que cette menace va disparaître faillirait à ses obligations les plus élémentaires. Même les meilleurs intellectuels, après tout, peuvent se tromper ; il est plus important pour les décideurs de parer à la menace que de décider qui a raison, ceux qui croient que le jihadisme exprime une des tendances éternelles de l'islam ou ceux qui n'y voient qu'un moment appelé à disparaître.

Ensuite et surtout, même si Todd a raison, une menace transitoire n'est pas la même chose qu'une menace fictive. Lorsque Todd parle du « *mythe du terrorisme universel* » et fait de cette expression le titre d'une démonstration de l'apaisement à venir des sociétés musulmanes, il commet une erreur de logique. Ce n'est pas parce que le terrorisme jihadiste, déjà responsable d'attentats sur tous les continents (une bonne approximation du mot « universel »), peut disparaître dans cinquante ans qu'il est, pour autant, un mythe. Il existe aujourd'hui ; il est déterminé à faire disparaître l'Occident et ses valeurs ; et il doit, pour cette raison, être combattu jusqu'à l'éradication.

Du reste, le cours de l'histoire depuis la publication du livre de Todd n'a toujours pas donné raison à sa thèse d'un apaisement structurel de l'Ancien Monde.

L'auteur présente ainsi l'Iran (avec la Chine et la Russie) comme une nation « *dont la priorité absolue est le développement économique* » et qui, face à l'aventurisme américain, s'occuperait de « *militer pour la stabilité et l'ordre du monde* » (p. 10). La révolution iranienne aurait, pour l'auteur, abouti « *malgré le refus du gouvernement américain d'accepter l'évidence, sur une stabilisation démocratique* » (p. 47). Six ans plus tard, le monde est confronté à un Iran qui appelle ouvertement à une nouvelle Holocauste (tout en niant la réalité de la première), défie le monde pour se doter d'armes atomiques et sacrifie sans hésiter sa croissance économique à un rêve de domination politico-religieuse.

Il nous arrive à tous de faire des erreurs de prédiction. Mais cette erreur-là rend plus fragile (sans l'infirmer entièrement) la thèse d'une « crise de transition ». L'Iran est en effet plutôt plus avancé que la plupart des nations musulmanes dans la voie de l'alphabétisation et de la maîtrise de la natalité. Il serait intéressant, avec le recul, de savoir qui, du gouvernement américain ou d'Emmanuel Todd, « refuse d'accepter l'évidence ».

Après avoir sous-estimé le rôle de la volonté de puissance et de l'idéologie dans les motivations des autres puissances, Todd fait l'erreur inverse dans l'analyse des motivations américaines. Les erreurs qu'il commet sur ce point sont largement dues à un refus, qui semble de principe, d'étudier les comportements réels des acteurs américains ou la chronologie précise des événements.

Ainsi, lorsqu'il affirme que les États-Unis sont à la recherche de prétextes pour justifier leur intervention politico-militaire, il oublie que le Président George W. Bush avait été élu en 2000 sur un programme explicitement sceptique par rapport aux ambitions interventionnistes de ses deux prédécesseurs. Lors du débat télévisé avec Al Gore du 11 octobre 2000, c'est Bush qui avait dit, « *Je ne crois pas que nos troupes doivent être utilisées pour construire des nations (...) les personnes qui habitent dans ces pays doivent construire leur nation* ». Jusqu'au 11 septembre

2001, le mouvement néo-conservateur avait perdu tous ses arbitrages internes dans l'administration Bush. Si le Président a ensuite changé d'avis, lançant les guerres d'Afghanistan et d'Irak et engageant les troupes américaines dans un effort de longue haleine pour reconstruire ces deux nations, ce n'est pas qu'il ait été à la recherche d'un prétexte pour justifier l'intervention américaine dans le monde. C'est, plus simplement, que les événements l'avaient convaincu que le coût de la non-intervention était plus élevé que celui d'une intervention.

L'erreur d'interprétation la plus massive réside cependant dans l'affirmation, répétée tout au long de l'ouvrage, que l'Amérique a établi « *une relation antagoniste généralisée (...) au monde arabe ou, plus largement, musulman* » (p. 135) – voire, dans une affirmation qui relève de la diffamation manifeste, que les États-Unis sont dans « *l'incapacité (...) à percevoir les Arabes comme des êtres humains en général* » (p. 140). Todd lie ce phénomène, ainsi que la force de l'alliance entre les États-Unis et Israël, à ce qu'il appelle à plusieurs reprises « *le recul de l'universa-*

lisme américain » : un besoin croissant de créer des distinctions entre les peuples et de refuser la notion d'unité du genre humain.

Il y a dans cette analyse une petite difficulté : elle décrit l'exact inverse de la politique étrangère américaine. Depuis vingt ans, toutes les principales interventions militaires américaines ont été faites au profit de populations musulmanes : libération du Koweit de l'envahisseur irakien en 1991, interventions répétées contre la Serbie pour protéger les Bosniaques et les Kosovars, instauration de gouvernements démocratiques en Afghanistan en 2001 et en Irak en 2003. Quant à l'idée d'un recul de l'universalisme, elle est directement contradictoire avec la politique constante de George W. Bush, qui ne cesse de répéter que l'extension de la démocratie et celle de l'État de droit sont des valeurs universelles et que les peuples musulmans ont autant de droit que les autres peuples à la liberté.

Quant à l'alliance avec Israël, elle est précisément fondée sur la croyance en des valeurs universelles, telles que la liberté, l'État de droit, l'autodétermination des peuples et l'égalité des sexes. Contrairement à ce qu'affirme Todd, cette alliance n'a jamais entraîné une indifférence américaine au sort des Palestiniens, au contraire. L'Amérique fut à l'origine de toutes les tentatives pour trouver une solution, des accords d'Oslo en 1993 jusqu'à la reconnaissance par Bush de l'objectif d'un État palestinien (24 juin 2004), le retrait israélien de Gaza sous pression américaine (septembre 2005), l'organisation d'élections démocratiques dans les territoires palestiniens (janvier 2006), la pression américaine pour maintenir ouvertes des négociations et le soutien massif de l'administration Bush au Président de l'Autorité palestinienne Mahmoud Abbas.

Emmanuel Todd confond ici, semble-t-il, un phénomène d'hostilité anthropologique (qu'il analyse fort bien par ailleurs) avec une option de politique étrangère.

Il est vrai que la société américaine – fondée sur la liberté individuelle et un rôle élevé de la femme – se sent très éloignée des sociétés musulmanes souvent fondées sur des valeurs très différentes. Cette hostilité est d'ailleurs réciproque. Il est absurde de reprocher aux Américains de ne pas apprécier les Arabes tout en considérant comme parfaitement normal que les Arabes n'aiment pas les Américains. C'est pourtant ce que fait Todd – comme si seuls les Américains étaient des sujets responsables de leurs actions et de leurs pensées, les autres peuples n'étant que des objets de forces qui les dépassent.

Il n'est pas non plus complètement incompréhensible que l'hostilité américaine ait augmenté après le 11 septembre, même si l'auteur oublie de citer le terrorisme lorsqu'il cite les causes de ce qu'il appelle « *la fixation des Américains sur cette religion* [l'islam] » (p. 158). Il semble qu'il faille être un intellectuel de premier plan pour ne pas voir que les Américains seraient moins hostiles aux Arabes s'ils n'avaient pas été attaqués le 11 septembre 2001.

Quoi qu'il en soit, cette hostilité anthropologique, aggravée par le terrorisme international, ne s'est pas traduite à ce jour dans la politique étrangère américaine. Au contraire, comme il a été démontré au chapitre 4, le maintien d'alliances musulmanes est une préoccupation constante et un objectif de premier rang des États-Unis.

La confusion intellectuelle qui entoure l'analyse faite par Todd de l'hostilité américaine envers le monde musulman paraît cependant un modèle de clarté, lorsqu'on la compare avec son analyse du déficit commercial américain et du rôle de ce déficit dans ce qu'il appelle « *l'empire* ».

Todd, à son crédit, est conscient que la prééminence américaine dans le monde ne ressemble en rien aux modèles impériaux traditionnels. Il reconnaît que l'Amérique a largement ouvert son marché intérieur à des importations étrangères qu'elle paie aux prix du marché, ce qui a conduit à une désindustrialisation relative de l'économie américaine. C'est là le contraire exact du modèle impérial, qui imposait aux territoires dominés d'acheter les productions nationales et prélevait leurs propres productions, par la violence, à un prix délibérément sous-estimé. Il admet que les États-Unis ne prélèvent pas, par la force, les richesses d'autres nations : « *la majeure partie du tribut* [...] *est obtenue sans contrainte politique et militaire* » (p. 106) – ce qui signifie, en clair, qu'il ne s'agit pas d'un tribut du tout.

Ayant ainsi bien perçu le caractère libéral et non impérial des relations économiques entre l'Amérique et le reste du monde, Todd semble parfois hésiter même à parler d'empire. Il en parle parfois au futur et sous forme de question (« *Va-t-on devoir parler à l'avenir d'empire américain ?* », p. 95). Mais après avoir entrevu la vérité, Todd décide de ne pas l'approfondir et de donner une nouvelle légitimité à l'idée d'un empire américain.

Son raisonnement est le suivant : certes l'Amérique ne prélève pas de richesses par la force, mais sa balance commerciale est fortement et structurellement déficitaire (ce qui est parfaitement vrai). L'Amérique finance par la dette des achats de biens qu'elle ne produit pas elle-même (vrai aussi). Donc – et c'est là que Todd quitte le champ de l'analyse pour celui de l'acrobatie intellectuelle et, par moments, de la paranoïa – les États-Unis utilisent indirectement leur force pour prélever sur les autres économies le financement de leur propre domination.

Todd ne dit jamais comment l'Amérique réussit ce tour de bonneteau : il parle lui-même de « *voies mystérieuses* » (p. 117), ce qui indique bien le niveau de sa compréhension du sujet. Il semble – même si aucun passage ne le dit précisément – que dans son modèle d'interprétation, l'Amérique parvient à convaincre le monde de la financer à fonds perdus (« *L'investissement en capital devra, d'une façon ou d'une autre, être vaporisé* », p. 117) en échange d'une protection militaire contre le désordre du monde – désordre dont l'auteur dit par ailleurs qu'il est purement imaginaire. Comment des investisseurs, qui décident sans contrainte, pourraient accepter de perdre leur argent pour être protégés d'une menace inexistante – cela, Todd ne l'indique à aucun moment. Mais une telle thèse ne pourrait avoir de sens que si l'Amérique était dotée de pouvoirs mystérieux, tels que les imaginent les théoriciens du complot.

Au lieu de se lancer dans une tentative d'expliquer le fonctionnement du marché par une « *logique impériale* », Emmanuel Todd aurait sans doute dû appliquer à son analyse l'un des principes essentiels de la logique du raisonnement : le principe de parcimonie ou « rasoir d'Occam », selon lequel l'explication d'un phénomène doit faire aussi peu d'hypothèses que possible et éliminer celles qui ne feraient aucune différence dans les observations que l'on tente d'expliquer.

Plutôt que d'avoir recours à une explication par des « voies mystérieuses », on peut expliquer le financement étranger de la dette américaine par l'hypothèse suivante :

1. Les investisseurs qui achètent de la dette américaine le font parce qu'ils sont convaincus que c'est un bon investissement.

2. Ils sont convaincus que c'est un bon investissement parce que malgré l'importance de la dette américaine, les perspectives de l'économie américaine et la bonne réputation du débiteur les convainquent qu'ils seront payés, à un taux acceptable pour le faible risque encouru. Todd entrevoit d'ailleurs cette réalité lorsqu'il constate que, dans le financement de la dette américaine, « *la recherche de la sécurité prime* [...]) *sur celle de la rentabilité* » (p. 110).

3. Lorsque la dette sera devenue trop importante et créera une incertitude sur la capacité de l'Amérique à continuer à financer son déficit par la dette, le marché réagira en faisant baisser la valeur du dollar (ce qui s'est d'ailleurs produit depuis la publication du livre). Cette baisse monétaire réduira mécaniquement le déficit commercial ; il s'agira d'une correction normale de marché et non, comme Todd l'annonce, de « *l'implosion du mécanisme* » (p. 118). Les investisseurs qui auront acheté de la dette avant la baisse de la monnaie ne seront pas « *plumés* » (p. 118) : ils seront rémunérés en dollars comme convenu, mais auront fait une mauvaise affaire (comme cela peut arriver à tout investisseur) s'ils espéraient utiliser leurs gains dans d'autres zones monétaires.

Cette explication simplifiée est cohérente avec l'observation et requiert moins d'hypothèses et de mystères que la thèse impériale, confuse et parfois contradictoire mise en avant dans l'ouvrage. Pour qu'un intellectuel de grande qualité, qui a compris les faits essentiels, en vienne à négliger l'explication simple de ces faits pour chercher à tout prix à les mettre en conformité avec une thèse qu'ils contredisent – celle de l'empire américain – il faut qu'il ait été poussé par d'autres motifs que la seule rigueur intellectuelle.

De fait, l'aspect le plus regrettable de l'ouvrage est l'application systématique de deux poids et deux mesures aux mêmes comportements et situations. L'interprétation sera toujours pessimiste et critique si ces comportements sont le fait des États-Unis (ou de son allié Israël), neutre ou positive s'ils sont le fait de toute autre puissance.

Todd applique aux États-Unis et à Israël un vocabulaire qu'il se refuse d'employer pour toute autre puissance. Américains et Israéliens sont décrits comme ayant une « *préférence pour le mal* » (p. 138). Non seulement le mot « *mal* » n'est jamais appliqué, par exemple, à Saddam Hussein ou Kim Jong-Il, mais quelques pages plus loin l'emploi de ces mots par certains Américains pour décrire les dictatures les plus sanglantes de la planète est décrit comme « *une évidente ineptie* » (p. 142). Il est donc inepte, pour Todd, de décrire des tyrans comme mauvais

– mais parfaitement respectable d'employer ce mot pour deux démocraties.

À plusieurs reprises, l'auteur utilise un langage neutre pour décrire une réalité non américaine, mais un langage agressif pour décrire la situation comparable en Amérique. S'agissant de la condition féminine, par exemple, c'est le féminisme américain qui est « *dogmatique* », « *agressif* » et « *dont la tolérance à la diversité effective du monde baisse sans cesse* » (p. 159). Le sort fait aux femmes par les talibans, lui, ne relève que « *d'un affrontement irrationnel entre des valeurs par définition indémontrables* » – ce qui n'est pas exactement une franche condamnation.

Ce mot « *indémontrable* » est d'ailleurs étrange : Todd croit-il vraiment qu'on ne peut pas démontrer que les femmes ont le droit d'être éduquées, de travailler et de montrer leur visage ? Mais il préserve réserver son venin pour « *l'Amérique, pays des femmes castratrices* » (p. 160) et ridiculise l'idée que la guerre d'Afghanistan permettra d'améliorer la condition féminine : « *Une telle exigence occidentale est ridicule* » (p. 161). Les Afghanes apprécieront.

Même lorsqu'il doit admettre que d'autres puissances que l'Amérique ont parfois quelques torts, Todd s'empresse de chercher un tort équivalent à l'Amérique – quitte à mettre sur le même plan des actes manifestement disproportionnés. Lorsqu'il évoque les massacres de la Russie en Tchétchénie, il ajoute immédiatement que « *l'installation de conseillers américains en Géorgie assure au conflit une dimension internationale* […] *les deux puissances devront partager équitablement la responsabilité morale des dégâts humains* » (p. 176). Avec tout le respect dû à l'œuvre antérieure d'Emmanuel Todd, l'équivalence ainsi faite entre des massacres massifs de civils et le léger soutien militaire apporté à un pays proche est une pure abjection.

Le choix délibéré de traiter l'Amérique (et Israël) selon des standards différents de ceux qu'il applique aux autres puissances n'est pas un défaut marginal de cet ouvrage. Il nuit à la crédibilité de la thèse centrale, selon laquelle les déséquilibres internes à l'Amérique la conduisent à l'instabilité alors que le reste du monde va vers la modération et la stabilité. La vérité est que toutes les sociétés souffrent de déséquilibres internes et que ceux-ci ont parfois plus de ressemblances qu'il ne semble d'une société à l'autre.

Ainsi, Todd insiste longuement sur la difficulté des relations ethniques aux États-Unis, cherchant à tirer des conséquences systémiques d'une apparente réduction du taux de mariage interracial Noirs / Blancs – dont il reconnaît lui-même qu'elle est due à un biais statistique et que la tendance est, autant qu'on puisse le savoir, à l'augmentation (p. 130). En revanche, il explique longuement que la Russie (en fait, l'URSS) avait une vision égalitaire des rapports entre peuples – ce qui explique sans doute que toutes les Républiques aient décidé de quitter le giron russe lors de la fin du communisme.

Il reconnaît aussi que la puissance relative de l'Amérique est en baisse mais que la Russie, elle aussi, est plus faible qu'autrefois. Cependant, il en conclut que l'Amérique est une menace pour le monde, alors que la faiblesse de la Russie

« *interdit les rêves de domination* » (p. 192), ce qui fait de la Russie nouvelle « *par nature un acteur stable et fiable de l'équilibre des puissances* » (p. 171). L'idée que la Russie puisse réagir à son affaiblissement relatif en essayant de retrouver autant que possible sa puissance perdue, ou que l'Amérique puisse tempérer ses ambitions pour tenir compte de son rôle en réduction dans le monde, ne vient pas de Todd. Après tout, l'Amérique est dans son essence même un État « *mauvais ou injuste* » (p. 138) alors que la Russie est « *capable de percevoir de façon égalitaire, juste, les rapports internationaux* » (p. 192). Les Baltes absorbés de force, les Géorgiens soumis à des menaces et pressions permanentes, les Tchétchènes apprécieront.

Malgré son évidente supériorité intellectuelle sur la plus grande partie de la littérature amériphobe, l'ouvrage d'Emmanuel Todd souffre donc de la même faiblesse structurelle. Il ne s'agit pas vraiment pour lui d'analyser les faits – sans quoi, il appliquerait aux États-Unis les mêmes critères de jugement qu'il applique aux autres puissances.

Malheureusement, à vouloir justifier à tout prix une hostilité préexistante, on en vient à absoudre les vrais coupables (l'éloge répété de la force stabilisatrice de la Russie est à cet égard assez cocasse) ou à renverser les règles élémentaires de la logique pour faire de l'agresseur un agressé, et inversement. Todd affirme ainsi que « *avec les attaques de synagogues par de jeunes Maghrébins défavorisés* [...] *la France a fait la première expérience d'une déstabilisation par la politique américano-israélienne* » (p. 215). Il assure que « *la domination asymétrique engendre* [...] *des réactions terroristes, dont la plus réussie a été celle du 11 septembre 2001* » (p. 223).

Dans ces deux passages, Todd affirme explicitement que les coupables des violences ne sont pas vraiment coupables – que le mal du monde n'est pas dû à ceux qui le font mais à un principe unique du mal, la « politique américano-israélienne ». L'Amérique et Israël jouent pour lui le rôle exact que jouait le Diable dans la théologie populaire du Moyen Âge : une entité menaçante mais incompréhensible, à qui on pouvait attribuer la responsabilité des mauvaises actions des hommes.

Le refus de voir que le Mal est présent dans tous les hommes, donc dans toutes les cultures ; le désir d'en rejeter la cause sur un bouc émissaire ; sont des facteurs essentiels de la haine irrationnelle de l'Amérique (comme d'ailleurs de la haine d'Israël). Emmanuel Todd démontre que même les meilleurs esprits ne sont pas immunisés contre cette réaction primitive de l'esprit humain.

Pour aller plus loin

Comprendre les États-Unis d'aujourd'hui, André KASPI, Perrin, 2008 (Nouvelle édition).

L'Obsession anti-américaine, Jean-François REVEL, Plon, 2001.

Pourquoi il faut aimer l'Amérique, Dinesh D'SOUZA, Grasset, 2004.

Dieu bénisse l'Amérique ! Sébastien FATH, Le Seuil, 2004.

www.ingramcontent.com/pod-product-compliance
Lightning Source LLC
Chambersburg PA
CBHW072007090426
42740CB00011B/2118